怡辰老師的高效時間管理課

心態×概念×工具，打造恆毅力的人生複利心法

林怡辰 著

目次

PART 2 概念原則篇

高效教學與工作

要磨利鋸子，才能造就專業，你不能只是「看起來很努力」就夠了。

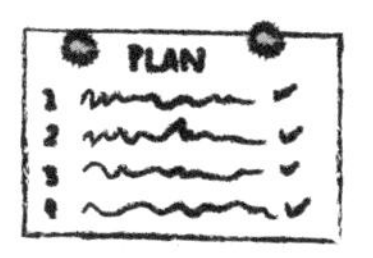

PART 3

實用工具篇

磨利鋸子的工具

當你記錄在哪、意念就在哪、覺知就在哪，就能對抗長時間的遺失。

功能檢索

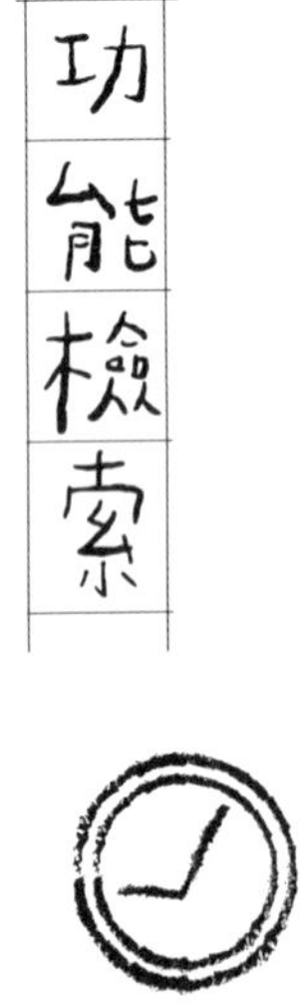

□ 時間管理工具表

掃碼即可下載

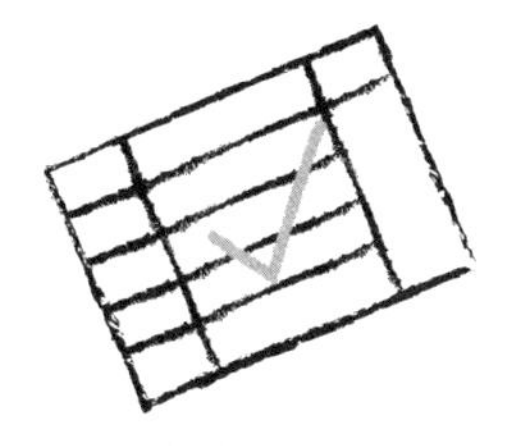

推薦序

真實而溫柔的時間管理

電腦玩物站長 Esor

做為喜歡閱讀並實踐各種教養書籍方法的父母，我很喜愛怡辰老師的前一本著作《小學生年度學習行事曆》，尤其在讀過許多教養理論的書籍後，我在這本書中看到了一些更具體、真實的實踐技巧。所以當有機會搶先閱讀《怡辰老師的高效時間管理課》一書，我便一口答應，而讀完後也同樣獲得許多啟發。

怡辰老師這一次，寫出了一本真實而溫柔的時間管理書，讓時間管理有了更可愛、也更能親近的面貌，這是很不容易的。

第一個不容易，是書中透過怡辰老師和許多老師自身的真實故事，展開看似成功的人物背後，其實也經歷過的挫折、痛苦、焦慮的時間管理過程，以及他們如何走過這條路，重新建立可以應戰各種困境的心理自信。要分享自己的真實生活是相當不容易的，願意分享自己走過這條路的故事，不只是光鮮的結果，更聚焦在重新爬起的過程，這更加不容易。

第二個不容易，是書中的方法有著一種體貼人性、理解困難、傾聽陪伴的溫柔，在每一個故事與方法背後，我們會聽到一種聲音，不是逼迫自己從此立志、隔絕誘惑，而是告訴我們如何先愛自己，讓自己感覺安全，然後我們就能慢慢走過難關。

書中一個故事讓我印象深刻，怡辰老師提到，當時她在補習班中努力準備教師甄試，一開始努力過頭反而生了病，但在這樣的意外中，她反而發現事後看錄影帶補課，可以讓自己更自由的掌控學習節奏、縮短學習時間（因為可以快轉或跳過），於是她覺得這反而是一個轉機，也讓自己發現，時間管理其實是要找到最適合自己做事情的節奏，而不是一味逼自己去做。

藉由書中多位老師以及怡辰老師分享自己的這類故事，不是要向讀者分享成功經驗而已，而是要告訴我們，如何在一開始的失敗中，還是可以先照顧好自己，用一些方法讓自己身心穩定。於是，我們就能開始把時間支付給自己，把危機變成轉機，把時間變成價值。

這有別於一般只是教你設定輕重緩急、訂立目標的時間管理書籍，但我想，這才是更貼近大多數真實人生的時間管理方法。因為我們都不是完人，我們的個性上都可能帶著想要偷懶、想要放棄、猶豫害怕的心情，也總是面對著許多外在突發的意外與困境，也因此，並非任何事情只要做出完美計畫，就可以完美執行那麼簡單而已。

但正是在這每一天的掙扎與變化中，有些人慢慢的破繭而出，慢慢的獲得了一些成功。他們原來也並非一次就能達到目標，更不是成功後就從此無憂無慮，而是依然在每天要面對的新問題中，不斷的一天一天累積，最後才成就出更多更大的價值。

這本書用溫柔的視角，帶我們看到這些真實的故事，以及故事背後主角們的思考方式、調整步驟，幫助我們如何在每一天的失敗中，累積每一天的成功。我想，這會改變我們很多看待事情、看待困難、看待自己的角度。

我很喜愛書中談到，在時間管理中我們如何看待自己的這段話：「我們是遇見問題的人，不是有問題的人，我們需要的是解決問題。」原來，那些阻礙只是我在人生旅途中的「遇見」，不是我不夠好，也不是世界對我不好，他們不是我的絆腳石，反而可能是為了讓我看到更多的風景，讓我可以累積更多故事的道路。於是，我的人生地圖也因此更值得回味。

（本文作者為《時間管理的難題》、《防彈筆記法》作者）

推薦序

找到你時間管理的北極星

王永福

如果要選一本時間管理的應用實務好書，我強烈推薦這本好書。

時間管理的學問其實不難，只要看過幾本書，就知道「聚焦」、「箱型時間」、「要事第一」、「選擇與放棄」，以及像是「重要－緊急矩陣」、「SMART目標設定」，甚至我寫過推薦序的《GTD搞定！》，以及我自己寫的《工作與生活的技術》，也都在談論這個主題。只要花點時間閱讀，大概很快就能掌握時間管理的概念、工具以及原則等。但最關鍵的，都不是這些從書上查到的知識，而是時間管理應用的情境脈絡。雖然時間管理的工具也許都一樣，但是如何好好應用，並且用以改善生活，才是最難的事。而怡辰老師這本談時間管理的書，就是應用實務的最佳解答！

認識怡辰老師這幾年，我經常驚訝於她怎能如此高效！在我的想像中，身為國小老師及三寶媽的她，應該已經被工作及家庭占滿了時間，但她卻還能在一年看超過兩百本書（驚！）、並用二十五分鐘寫完讀書心得（大驚！），甚至還能在二十天寫完一本十萬字的書（超大驚!!），平常還能擁有自己進修及成長的時間，甚至在農忙季節還要身兼葡萄園小編。說實話，對於曾在一年內完成博士計劃書、出書、線上課程、鐵人三項、武術黑帶的我，已經算是會高效管理時間了，但每每看到怡辰老師的產出，我還是會很好奇，這其中到底有什麼魔法啊？

關於高效時間管理的應用祕訣，怡辰老師都寫在這本書了！書中除了有怡辰老師的心法、原則及工具外，也收錄許多優秀老師的時間管理經驗。最棒的是，書裡有怡辰老師身為多職者，包括老師、媽媽、人妻、行政、講者等，如何在不同角色間應用時間管理的脈絡經驗。像是：手帳該怎麼用、重要緊急矩陣如何評估決策、人生五十個夢想的實境版、GTD兩分鐘原則的應用等，這些工具結合她的個人實務後，才更能看出價值所在。更棒的是，她在書中談到心態的建立：如何達成時限內的完美、人生的北極星目標、對自己的照顧與肯定等，這些都是在時間管理工具及原則之外，更核心、也更重要的事！

當然，怡辰老師一貫以來溫暖的筆觸，從我在閱讀她的第一本書《從讀到寫》時就感受到了。之後在《小學生年度學習行事曆》中，展現了對家長及老師們的關懷。到了這本時間管理書，則更無私的分享她的生活祕訣，每每在我閱讀時，感覺就像在聽怡辰老師講話時一樣的溫柔，讀起來很舒服、很輕鬆、又很自在。

不管你做的是什麼工作、擔任什麼職務，是老師也好、是上班族也罷。如果你跟大部分工作者一樣，在工作與家庭的不同角色間來回切換，不知道如何創造屬於自己的時間？如果你每天忙碌異常，卻看不到實際的產出？如果你想做好工作、又想充分陪伴家人？如果這是你現在的人生，相信我，在時間管理的領域，你需要的不是更多工具書，而是需要有一個人，用自己已經實踐的生命經驗，告訴你如何利用同樣一天二十四小時，不只能過精彩豐富的生活，最終還能善用時間的累積，創造出一個又一個有影響力的成果！

真心推薦《怡辰老師的高效時間管理課》，也許讀完書裡面的一個個故事和例子後，你也能重新校準，找到自己的北極星，擘劃專屬於你的美好人生！

（本文作者為頂尖企業教學與簡報教練，著有：《教學的技術》、《上台的技術》、《工作與生活的技術》等書。）

推薦序

關於「時間」的三道思索

藍偉瑩

我相信大家在成長過程中，都曾讀過許多關於時間的「勵志」故事或是「警世」故事，告訴我們「要怎麼善用時間，不然就會如何如何」，看上去是鼓勵，但實則威脅的內容。更慘的是，我們還可能有過事情做不完的惡夢經驗。時間跟我們產生了奇妙的關係，像是一個可以控制我們的實體，掐住我們的脖子，逼著我們就範。

「時間」到底是什麼？或許該問的是，「時間」對人來說，到底是什麼樣的存在呢？我們一起來想想三個常見的問題。

思索一：為什麼別人都有時間做這麼多事情，我就沒有呢？

這個問題你一定有過，尤其是看著同班同學又會讀書、又會玩社團，還參加許多課外活動，說不定還交了男女朋友，你都懷疑他是不是聘請了一組人幫他處理事情。這個問題在客觀上有個矛盾，那就是每個人一天都是二十四小時，所以我們「都有」相同多的時間，因此關鍵不在時間，而在「別人」和我有什麼差異。看樣子，有問題的是「人」。

思索二：為什麼快樂的時間總是過得特別快呢？

我承認我常常這麼說，我更知道這是一個有盲點的問題，因為時間本質上都是一樣的。「快樂的」這三個字是人外加上去的，當我們對於自己將時間用在哪裡區分的「快樂的」和「不快樂的」，例如上班和休假，我們讓無辜的時間承擔了我們的好惡，巧妙的掩飾了我們面對讓自己不快樂事情的責任，把過錯丟給了時間。看樣子，問題還是在於「人」。

思索三：為什麼事情總是要擠在同一個時間出現呢？

如果這是個問題，我們就得先確認時間占有多大的空間，否則無法測量出「它」一次可以容納多少事情。當然，這是假問題，因為時間的量度不是用可以擠進事情的數量來決定的。關鍵也不在於有的人一次可以擠進很多事情，有的人則不能，問題的癥結點在於，我們怎麼會讓這麼多的事情同時擠到同一個時間了呢？我想，我又把問題推到人身上了。

這三個問題正反映出三種時間對於人的意義：

一，時間反映了一個人是否擁有「擴大」時間的能力。無論透過有效規劃讓時間用到最剛好，或是運用科技減少處理事情完成的時間等，都讓一個人的時間產生了不同長度的感受。

二，時間反映了一個人是否擁有「轉化」時間的能力。你如何看待正在處理的事情，決定了它所耗去的時間是快樂的，或是不快樂的，如何轉化每一件事情對於自己的意義，都讓一個人的時間產生了不同價值的感受。

三，時間反映了一個人是否擁有「慎用」時間的能力。你如何安排事情處理的次序、時程，甚至區分事情是否需要處理，都讓一個人的時間產生了不同意義的感受。

每個人平等的擁有了相同的時間長度，但卻產生出不同的結果。選擇對的方式、對的心態、對的事情，我相信你會減少對時間的抱怨。對你來說，時間是一個什麼樣的存在呢？我想從怡辰的自我反思中，你應該會找到你的答案。

（本文作者為社團法人瑩光教育協會創辦人、著有《提問力》、《教學力》）

自序

讓時間依循信念，活出你今生的意義

什麼是多數人關心且想要追求的呢？翻開每一年的暢銷書籍榜單，從習慣、金錢、致富、關係、事業到健康等等，這些主題類別的書籍總會一直留在排行榜上。究其原因，一來是因為價值，二來是因為達成實在不易，需要「長時間」持續，點點滴滴累積而成，所以這些主題類別一直有新書出版、一直有市場，需要一生不斷探求、追問、實踐，且永遠沒有終點。

時間，是人生最珍貴且公平的資產。不管你怎麼做，「今天」流逝中，「明天」將至，而「過去」不斷回憶。我們無法管理時間，可以管理的，只有自己。要不斷覺知，不斷做出一個個抉擇，歷經長時間的淬鍊，到達我們想要的彼岸，收穫今生珍視的價值。

所以，「時間管理」是個假議題，重點不在於短時間內能做多少事，也不只是著重「高效」就好。更完整的說，「時間管理」應該是「人生管理」、「意念管理」、「情緒管理」、「資源管理」、「價值觀管理」、「經歷管理」，甚至是「關係管理」等。最終，是希望時間不斷流逝之際，人生獲得意義。這不是一個簡單的、片段的問答題，而是關乎一整個系統。

長年任教於小學的我，累積了將近二十年的國小教育專業與講師經驗，四處分享閱讀教育、作文教育、班級經營、數學教育等。然而，我最常被問到的問題，卻不是「孩子沒有閱讀動機怎麼辦？」、「在大班級怎麼推動寫作教學？」、「該怎麼協助放棄學習數學的孩子？」，占據提問排行榜第一名的竟然是：「怡辰老師，請問您怎麼時間管理？」

我想，也許是檯面上被眾人看見的這些高效、多工的成果，使得大家對於我的時間管理產生許多好奇。例如：擔任高年級學生班級導師、寫了兩本暢銷書、各大出版社邀請推薦書籍並撰文作序、演講分享、撰寫專欄，同時還是三個孩子的媽媽，每天烹煮三餐，還看見我在臉書、部落格上撰文分享教學與閱讀心得等等。這麼忙碌的生活，我到底是怎麼辦到的？

除了最常被人問到「時間管理」的大哉問，又加上今年初，我在一場「時間管理」講座後收到聽講者的極大迴響，無意間成就了這本書的出版。但在這本以「高效時間管理課」為題的書中，我其實更想分享的是，我並不覺得自己忙碌，而是感到平靜喜樂，專注的過著我想要的生活，踏實的走在我追尋的人生價值道路上。這些關於我自己的人生和生活，我用這一本書的篇幅回答。

在多年的工作淬鍊下，我用上一本書《小學生年度學習行事曆》回答了「身為師長的我們，是否可以看穿時間的謊言，知道人們常寄望一年大有所獲，卻低估一日的時間？我們除了做對選擇之外，如何能夠長久堅持，最後獲得長時間的真價值？」的問題。

我認為，教養就像一場不跟別人比較的馬拉松。首先，必須選擇正確目標，將目光投注於遙遠的彼端，以遠見洞悉未來樣貌，進而產生堅定信念。過程中，要耐得住寂寞與內心交戰，不為外界干擾、迷惑。在這場馬拉松中，無須急著起跑時便開始衝刺，無須因落後他人而感到心慌，盲從別人的方向與速度，只會讓自己在事後感到後悔。嚴守配速、時時調整思考，在不斷挑戰自己的過程中成長，讓汗水在時間中凝聚成真價值。最終，抵達自己想要的彼岸，用愛和智慧，讓孩子成為他自己，然後安心的目送孩子遠去。

而培育、栽培自己，不也是這樣？

本書分享這一路以來，我在時光中選擇目標、堅定信念、刻意練習、栽培自己、追尋意義和價值的過程。當然，我深知自己實在蒙受太多幸運，從長官、貴人、同事、學生、家長、父母弟妹、公婆、小姑、小孩、朋友等，因為有這些生活中的貴人和許多點點滴滴的幸運，才能讓我在二十多年的生命故事裡，從「在書裡找尋安慰和希望」，到現在「寫一本書，為他人帶來一點光」；希望透過在轉折的個人實際經驗與困境中，貼近讀者的情緒和難點，獲得共鳴並找到思考的光。書中並附上實用的「時間管理工具表」，讓讀者方便自行下載、修改使用，不再被時間所欺，而是讓時間可見，心中有遠方，身心活在當下。

也因為每個人的狀況不同，生命歷程也不同，除了自己本身的故事以外，我特別邀請七位我深深敬重，把時光釀成價值的教育夥伴，他們分別是：任教於國小的陳權滿老師、蘇明進老師、姜青慧老師；任教於國中的何憶婷老師、孫菊君老師；任教於高中的蔡淇華老師，以及歐陽立中老師。雖然每個人的教學年資不同，但不變的是，

時間管理工具表

他們全都在教育工作上貢獻自己的熱情與專業，令人敬佩；在生命價值實踐上踏實前進，利益眾生。透過他們的分享，為我帶來許多深刻的學習與意義，希望也可以帶給你時間管理的心法，應對生命課題的思考，和運用生命時間的多元想像。最終，回到你自己本身，用一生來回答下列三個問題：

「這一生，你為何而來？」

「你想活出怎樣的人生？」

「你想留下什麼？」

在這二十多年的故事裡，是關於時間、關於管理、關於長時間的堅持、關於價值和意義。寫下這些，希望能夠為翻開書的你，提供一點啟發的靈感；為身在黑暗中的你，帶來一點光。這是我永遠不變的初衷。

5
PART 1
心態
晉級篇
MEMO
時間帶來的價值與行動
不管現在的你距離終點有多遠，
你永遠可以選擇此刻該怎麼做！

1 我那黑暗的高中人生

高中時期是我人生最黑暗的一段日子。

故事要從一九八〇年代的臺灣說起，當時經濟起飛，各行各業蓬勃發展。家中經商的父母事業也蒸蒸日上，家境優渥的程度，甚至連公司剪綵都常常可請來當紅港星。那時還是國小生的我，全身行頭經常超過臺幣五千元。然而，到了我上國中時，市場逐漸萎縮，父母經商失敗，家境開始出現困難。記得高中時，在某個深夜裡，我們甚至連夜搬家，生活瞬間從雲端墜入谷底。

國中時，我的成績在學生規模上千人的學校中排名第一。順利考上臺中女中後，高一成績也還不錯，不過通勤時間長，每天清早五、六點就要早起趕車，等到放學後

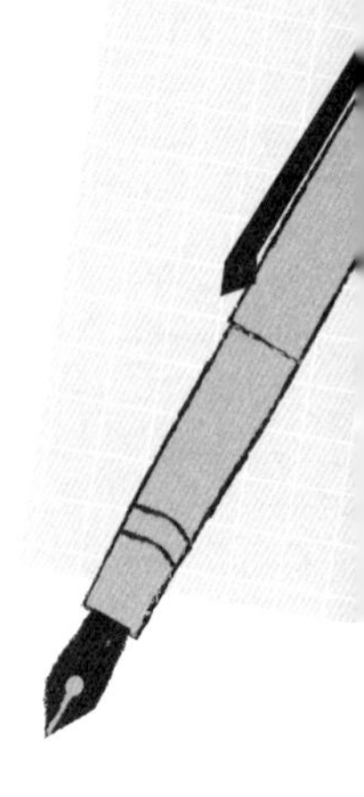

回到家，已經是晚上六點了，我還得回家幫忙。後來，學業壓力愈來愈大，加上常常每天都給自己很多進度，在龐大壓力下，我彷彿坐上焦慮的旋轉木馬，看似前進且不停旋轉，事實上卻總是在原地繞圈圈，一步都沒辦法前進。

記得高二時，我曾經追著英文老師問：「老師，我現在開始努力還來得及嗎？」老師當然親切的給出正向的答案。但當我回到家，看著滿屋子因搬家而顯得尺寸不合的家具，雜物擺放在四處的雜亂環境、處處滴水的水漬、發霉的書本和家具，還不時會接到一通通討債的電話，那時我總是想：「唉！明天再努力好了。」

宛如行屍走肉的上學生活

就這樣，「明日復明日，明日何其多」，每天讀書的進度不斷往後移，今天幹勁十足的寫了滿滿的讀書計畫，可是過了沒多久，一天就來到了盡頭。隔天，又把計畫裡的昨天，重新抄寫到今天，然後每天都做一樣的事。當然，結果當然就是什麼都沒完成，總是在原地踏步、無法往前。

於是，我開始自我懷疑，感覺到焦慮與壓力，不停的幻想各種可怕的、失敗的、慘烈的負面結果，它們就像一團迷霧籠罩著我，讓我幾乎就要窒息，即使我不斷想要做出改變，但卻從來沒有成功過。

回想起那個時候的自己，真的過得很黑暗。每一天就像行屍走肉：眼睛一睜開，就不得不起床、搭車或騎腳踏車上學；聽著不懂的課，還要強迫自己不能睡著、沒讀書卻要應付每節小考，看著小考成績嘆氣；再花很多通勤時間回到家，偷偷注意著家裡欠債的情形，每天都提心吊膽，猜想是不是哪一天又要搬家。

在內在、外在因素不斷衝突之下，我不知道怎麼面對生命的低谷，更不曉得怎麼突破眼前的困境。我擔心、我害怕、我失落、我恐懼……書上的每一個字我都讀不進去，每天睜開眼就是充滿無奈與害怕的一天，睡也睡不好，在夢裡不斷墜落……

我後來想，這也許就是地獄了吧？

因此，就連之後過著為了還債而工作滿檔的苦日子，我都不覺得有過去那段時間來得苦。為什麼？因為當時遇上困境的自己，完全使不上力，感覺改變不了任何事，只能在其中「殺時間」。看著結局一步步走向令自己害怕的方向，卻只能眼睜睜的、動都不能動的看著。心頭累積了滿滿的焦慮、滿滿的無力，卻只能束手無策的看著。

後來，很多人問我：「為什麼這麼積極奔向自己的目標？」，事實上，我並不覺得積極是人生唯一的選項，當然，你可以悠哉度日，當然，你可以無所求。可是當你曾經失去可以不愁三餐的日子，需要為五斗米折腰；當你可能失去你想要的生活，需要為現實妥協；這時的你才會知道，可以努力，可以施力，可以「善用時間」，而不是「殺時間」，是多麼彌足珍貴的事，我怎能不珍惜？

看見改變，看見隧道那頭的光

也就是因為這樣，當很多年之後，成為人師的我看著自我放棄的孩子，腦中總會想起高中時的我。那時的我多麼希望有個人可以輕聲對我說：

「沒關係的，我會陪著你。」

「我陪著你努力，不管結果怎麼樣，都好。」

「只要真真切切的努力過了，就是成功。」

「別擔心，我會一直愛著你，陪在你身邊。」

心裡有事、壓力太大，都是讓自己停留在原地裹足不前的原因。心理已經失衡，怎麼還有心思讀書、執行？在《幫助每一個孩子成功》書中提到，這樣的心理狀態就是「戰或逃」，當一個人已經將大幅度的資源放在對抗恐懼時，其實大腦已經沒有其他資源可以提供學習或思考。因此，這時要先處理的，是心理的安全感和其他的基本需求。

找到讓自己努力的理由與方法

所以，當孩子遇上了困難，大人可以對孩子溫柔的說：「我會陪著你，有困難我們一起想方法。」當然，事情總是不會一帆風順，孩子有時會突然逃避、全盤推翻、大發脾氣、惰性再起。在這樣進進退退的過程中，如果我們可以始終給出溫柔且堅定的陪伴，就會不斷欣然見到孩子的進步，並讓他們看見自己原來有能力做出改變。當我們和孩子一起踏上這樣的正向循環，改變的動力就能無限延伸下去。更重要的是，孩子能夠獲得安全感，知道在這條充滿挑戰的人生道路上，身邊曾有個一直陪伴他的人，就能在愛的流動裡，長出面對未來挑戰的勇氣。

後來，我有時也會面對巨大的壓力而呈現「當機」狀態，感覺自己好像動彈不得、無法做些什麼。可是，我已經不是當初那個年輕的我了，我長大成熟了，我會跳出來當那個自己最重要的他人、當那個願意真心疼惜自己的人。然後，我會對自己說：

「怡辰啊！現下只是人生長河中的一個小點。

一週後的我、一年後的我、十年後的我，會怎麼看待這件事？

我看見你的恐懼和焦慮、努力和用心，

現在，告訴我，如果沒有這些壓力，你會做什麼？」

利用自我對話習慣，可以幫助我們卸下負面的情緒和壓力。這個步驟就像是將焦慮斷電，先喝一杯水，暫時離開這個環境。

接著，把事情分割成小部分，也許可以騙騙大腦，讓自己感覺事情並沒有想像中來得困難：「沒有沒有，我沒有要讀書，我只是要整理一下考卷而已。」「沒有沒有，我沒有要去跑步，我只是穿穿運動鞋而已。」通常跨出了第一步，就會再跨出第二步、第三步……逐漸讓自己重新運作起來。

此外，像是著名的「番茄鐘工作法」，給自己二十五分鐘的期許，在這段時間中保持專心，中間休息五分鐘可以做一點喜歡的事（對我來說，就是讀一本自己喜歡的書），都是很好的方法。

又或者，也可以想想最差的後果。也許是大大的失敗了一場，又或是被人狠狠的嘲笑了一番，但，那又怎麼樣呢？我永遠可以當我自己的啦啦隊。就算失敗了，我也徹徹底底、全心全意的努力過了。那麼，我會怎麼看待即便用心、努力，最後卻依舊失敗的自己呢？我會嘲笑他嗎？還是尊敬他、憐惜他、敬佩他？

如果是我，我會欣賞自己、接納自己、謝謝自己、好好的愛自己。用我最棒的語言，在心理安慰、鼓舞自己，因為我愛自己。通常和自己對話到這裡，就可以踏出第一步，跳出焦慮，開始著手進行。

回到文章開頭的故事。高三時的我，一面焦慮大哭、一面擔心詢問父母：「如果我大學考不上，怎麼辦？」父母安慰著我，告訴我會全力支持我重考。所以，最差最差的結果就是重考一年。

得到父母的無條件支持，我感受到他們對我無窮的愛，當愛的能量流動了，我那一顆懸宕不安的心終於放了下來，並在最後考前衝刺的日子裡，盡全力做好準備後上場應考。憑藉著文科的一點優勢，我進入了師範學院就讀，走向一條我從來沒有想過的教師之路。

2 窮得只剩下時間的大學生

好不容易上了大學，但家境每況愈下，該如何支付學費呢？理所當然的，我申請了就學貸款，生活費也得靠自己打理。雖然考上的學校和科系並非是自己的理想，可是我很快就先訂好眼前大致方向：大學三學分「課業」、「社團」、「戀愛」，我一樣都不想漏掉，還要加上「生活自給自足」。

對於一個窮到除了時間其他什麼都沒有的大學生來說，就要善用資源，把時間放在可以投資自己的地方，尤其是對曾嘗過失去夢想滋味的我來說，更不想輕易向命運低頭，因此，我不斷告訴自己：要拿回命運的主導權。

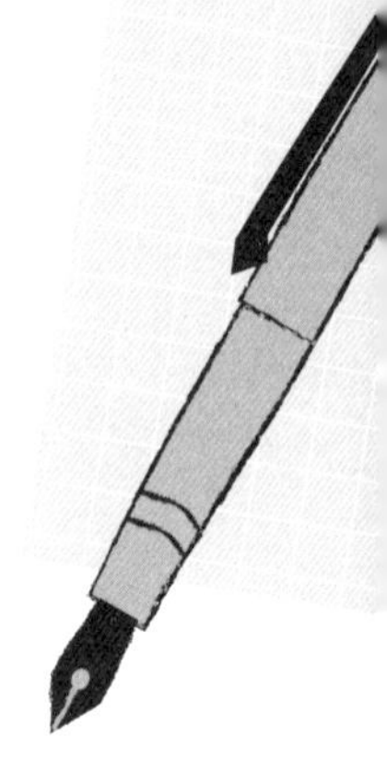

栽培自己，過你想要的生活

高中生活的茫然，加上家庭經濟的不變，讓我下定決心要善用四年的大學生涯，好好「栽培自己」。

首要學分是「課業」，當教授發下一學期的課程計畫時，我會把該寫的報告、該準備的考試，一一記錄在我的行程表上，然後引發連鎖反應：要交的報告，我學期初就預約好書籍，不用和別人搶。要考的考試，我會提前排程，因此考試前，還有時間可以利用圖書館搶不到的視聽媒體資源。我經常在偌大的圖書館裡盡情享受這些資源，等到離開時才發現，圖書館裡只剩我一人。

經過這些努力，我的成績優異到足以領獎學金，除了一次給付的獎學金，還爭取到每個月一萬元的定期獎勵。這些比起我在圖書館打工時的時薪八十元工讀金，在投資報酬率上實在高出許多！

因為我的成績亮眼，後來同學都來借我的筆記去影印，到了大考前，我還會帶同學到一間閒置的教室準備考試，由我當起小老師，通宵教會十幾個同學考試重點，讓同學能順利通過考試。到了天亮時，則由同學請我吃早餐，互相都受惠！

其次是「社團」。先盤點我想參加的社團和需要參加的社團：電影社、電腦社、書法社，還擔任電影社社長，學習領導、辦理講座、經費核銷、與他人合作、舉辦社員活動、接洽電影院等。雖然投入的時間很多，卻從中培養很多領導經驗，學到許多籌辦活動的細節。

除了社團，就讀數學系的我也到處旁聽其他系所開設的課程，例如：中文系的紅樓夢研究、新聞寫作等課程，反正旁聽免費，靠自己探索需要時間，只要時間許可，能去聽、想去聽的課我都去。當時，我還排時間學習空手道，差一點獲得黑帶資格，雖然空手道有道服和月費等支出，但只要真心想要，就可以找出方法，我希望自己不會因為經濟因素，對現實和夢想「妥協」。

當時的我雖然就讀師範學院，看起來未來極可能踏上教師之路，但我不斷思考的是以後想要的生活樣貌，希望為自己爭取多一點選擇的機會。像是我對記者工作有興趣，除了旁聽大學相關課程，還爭取大學報實習記者工作，透過實際採訪與寫稿，慢慢發現到處採訪的工作不太適合慢熟內向的我。本來想要轉學考，也因為讀數學系讀出興趣而放棄。也曾經想當圖書館館員，於是申請到圖書館工讀。

我認真的探索和嘗試，不放過任何一個學習的機會，因為只有花時間和親身體驗，才能真正知道適不適合自己、自己是否真心想要走這條路，也才能真正過我想過的生活。

擬定對策，提高成功率

至於「打工」學分，大一時，我先從時薪八十元的圖書館工讀生開始做起，當時的物價一餐自助餐只要十五元，用打工的薪水充當生活費雖然還過得去，但如果要拿錢回家解燃眉之急，還差得天高地遠。因此，我開始嘗試投稿。

對我來說，圖書館就是我心目中的聖殿，處處有資源，端視使用者會不會利用罷了。為了讓投稿報章雜誌順利成功，我自己拉出一條生產線，先研究不同報紙各版面編輯的喜好和字數，再判斷自己寫的文章適合投稿給哪家媒體，最後才決定要投《聯合報》或是《自由時報》，或是這篇文章較偏學術性，可以嘗試投期刊等。我甚至準備好一本專門投稿的本子，按照計畫進行。

還記得我的一篇文章曾登上《聯合報》全版，那時全版一篇文章稿費一千八百元，將近在圖書館打工二十個小時的工資，剛剛好足夠添購一床冬天的棉被過冬，至今仍令我印象深刻。

可惜投稿等待期太長，等確定刊登、稿費匯入，都已經過了一、兩個月，遠水救不了近火，只好另謀他法。不過透過徵稿比賽、投稿、徵文等活動獲得的稿費，總計下來林林總總也有好幾萬元，甚至還獲得某徵文比賽最大獎三萬元獎金，也是一筆為數不少的收入啊！

到了大二，終於買了一台二手摩托車，突破了交通不便的限制，我開始接學姊讓渡給我的國一生家教工作，時薪為兩百五十元。我孜孜矻矻的教學，主動增加教學時間卻不收費，一次段考過後，學生從二十幾名的成績提升到前五名。後來口碑傳開來，學生班上的其他同學也紛紛請我擔任家教。

於是，我一次升級成為三個學生的家教老師，除了原本每週三小時的數學課，後來還加入理化科，一週共十五個小時家教工時，後來時薪也調整為一小時五百元，一直到學生國中畢業後考上花蓮女中，我也剛好大學畢業。

有了一個月幾萬元的家教費用，不僅生活費綽綽有餘，還有多餘的錢能拿回家，大學畢業後還存下一筆錢，用作教師實習、教師甄試考試的基金。

書裡有光，指引人生方向

我從小就很愛去家附近的圖書館看書，甚至萌生長大以後想當圖書館館員的夢想。也因此，大學開學後，我就積極爭取圖書館工讀生的機會。於是在短短一年當中，我認識到圖書館的組織、運作、借閱、採購等，這才發現，原來圖書館館員和我夢想的「可以常看書」有所不同，圖書館館員看最多的，大概只有「書的封面」吧。

不過，正因了解圖書館，我因此更懂得善用圖書館。當時透過館內的影音媒體，讓我看了不少演講、聽了不少優質講座，尤其是圖書館中幾櫃自我成長書籍，我更是一本本拿起來仔細閱讀，無形中奠定了對於「時間管理」的概念。

對我來說，大學時期最受用的一本書就是《圓夢記事本計畫》。當時的我跟著書中文字，試著描繪我未來十年、二十年後的夢想，再具體擬定每月目標、每天行程，排定好行程規劃後，就開始按表操課。像是每天清晨五點起床讀書，中間空堂就不回宿舍，而到下一堂教室念書；排定時間做好習題、再問教授問題；把距離較近的家教排在同一個假日，晚餐則在機車上坐著吃完再繼續；到了晚上九點，精神不濟時就跑操場，用運動提振精神，再回宿舍繼續讀下一個主題的書籍。

找出養大時間黑洞的元兇

到了大學階段，我開始體悟「愈忙的人愈有時間」的道理。但在廣泛探索並掌握時間應用之道後，人容易變得貪心——什麼都想做，卻什麼也沒辦法做好。行事曆寫著滿滿的待辦事項，真正重要的卻少之又少，偏偏自己又捨不得刪去任何一項，只好一再將今天的待辦事項移到明天。

這麼一來，就會陷入一個惡性循環，時間一直在過，要做的事情卻沒有變少。表面上看，寫手帳是積極進取的行動，但實際上卻只是花時間精心排定滿滿活動，然後又一個個取消，每天看似忙碌充實，到頭來卻是窮忙一場。

你聽過「罐子哲學」嗎？（圖1）

假如我們把一個罐子想像成人的一天，每一天我們都有很多事情要完成，那麼用大石頭代表重要的事件，小石頭則代表其他次要的事件，還有沙子、水代表其他所有的小事。罐子的空間是有限的，當我們在罐子裡放了很多小石頭、沙子和水，那麼就再也裝不下大石頭了。

圖1　罐子哲學

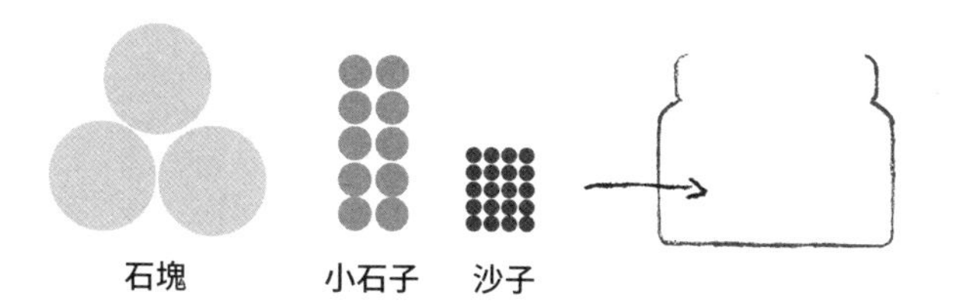

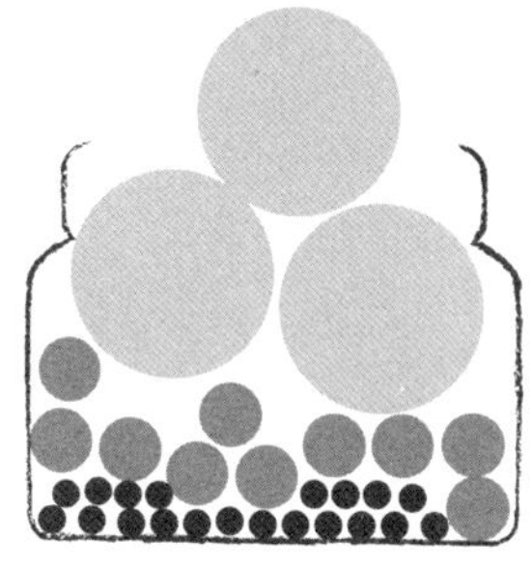

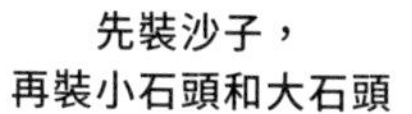

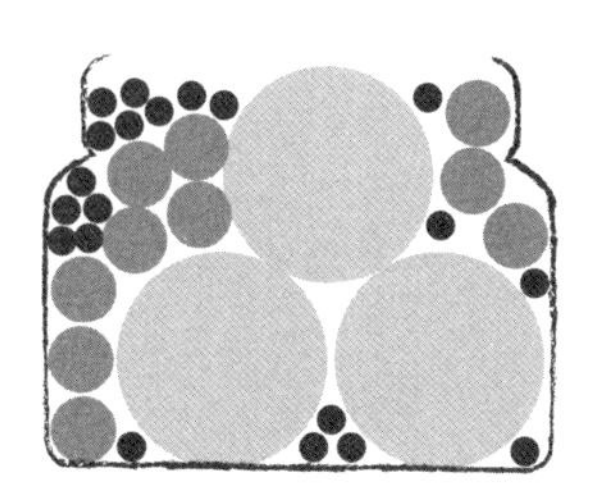

先裝大石頭，
再裝小石頭和沙子

當有完整時間、精力充沛時，應該率先完成比較重要的工作；零碎時間和精力較差時，分派給比較不重要的工作，才能產生最大的效率。

這也是成功學大師柯維（Stephen R. Covey）在《與成功有約》（*The 7 Habits of Highly Effective People*）中談到的「要事第一」。當時的我先畫出每週的時間表，扣除掉吃飯、洗澡、運動、睡覺的必要時間，再填入上課、家教的時間，所剩時間其實無幾。我嘗試將讀書、社團、空手道等時間納入，實際按表操課一段時間後才發現，天真的我根本不清楚自己做那些事情需要多少時間。像是我以為自己一個小時可以念完一個科目，卻發現根本連一半都不到。

於是，我開始做到上課前預習，上課時認真聽講吸收，當天就馬上複習，這樣達到的效果最好。此外，也要考量自己的體力狀態，例如每天清晨時，我的精神最好，就用來讀書；讀書累了，就上圖書館借書；零碎時間洗洗衣服，晚上九點想睡了，就去操場跑跑步，回來又可以再讀一點。

後來慢慢存了些錢，終於能夠購買電腦。當時臉書等社群媒體還沒問世，但有BBS。那時的我經常在BBS上發呆，無所事事過了一天，該做的事情卻都沒有做。當我意識這樣的問題，才赫然發現，自己竟在不知不覺間養大了時間黑洞。我開始鍛鍊覺察能力，每當發現自己又漫無目的的在網路上掛網時，就會拿本書出來讀、做些喜歡的小事，來轉移注意力。

而試過最有效的方法就是「使用圖書館」，換個地點，規定事情沒有做完就不能離開圖書館是我的絕招，適時變換場域，讓我遠離電腦、室友等可能的干擾，專心把該做的事情做完，其他時間就可以好好利用，用喜歡的獎賞等方式來犒賞自己。要事要做，但其他也沒錯過，大學是我的光輝四年！

3 沒專長還負債累累的實習教師

大學畢業後，我進入到國小，完成為期一整年的實習。等到通過了實習，拿到了教師證後，還要參加錄取率相當低的教師甄試，才能成為一位正式教師。

當時我的家境尚未好轉，根本容不得我做教師以外的其他選擇，面對未來的教師甄試，只有抱著背水一戰的決心。

於是，每天早上七點，我到國小實習，到了傍晚五點，我就離開學校、轉往補習班，一直讀到晚上十點再回家，半夜十二點準時上床睡覺，就這樣日復一日。至於週末假日全都在補習班讀書。

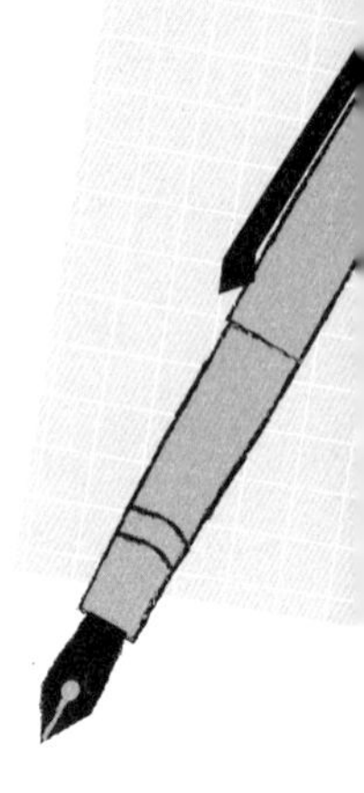

茫茫教師生涯路

當年的教師甄試競爭激烈，錄取率常常是一%、二%。我的後方有著正不斷逼近、負債累累的家庭經濟壓力，前方有著未知的教師甄試錄取結果，而站在人生十字路口的我，卻茫茫不知該往何處去。再加上補習費、生活費，還有每場教師甄試的報名費、交通費……各種沉重的壓力快要把我壓垮了。

為了獲得更完整的實習經驗，我主動擔任實習班長，統籌一切雜事。七、八月還沒開學時，學校會計室詢問是否有人可以幫忙印報表，我也舉手表示願意。後來，教務處的校務評鑑、訓導處的反毒宣導、英文評鑑海報、自然探究科學競賽，反正「實習」就是什麼都學。我還到國小各個年段實習一週，學習不同年段的教學技巧，磨練自己的上臺教學及班級經營。雖然這段實習的時間彷彿被各種事項填塞到沒有半點空隙，卻也因此收穫滿滿。

至於到補習班上課，必須熟讀教育哲學、教育原理、教育心理學、特殊教育、國語文、數學、口試試教技巧、應試申論題等等，面對著有如排山倒海的資訊，並且需要在瞬間就能馬上吸收，我常常讀到睡著，醒過來以後再繼續讀；有時從補習班下課後，我會騎著機車，迎著風小小哭一下，回家擦乾眼淚，再繼續念書。

面對即將到來的教師甄試，我沒有專長，也沒有後路，有的只有破釜沉舟的決心。有時候，當我聽著同伴說自己如果沒有考上，家裡要他繼續再考一年。這時的我總是羨慕的聽著，因為家中經濟並不允許我有這樣的機會。如果無法順利通過教師甄試，我只能去找其他工作，從此和教師一職無緣。看著其他實習同伴讀著讀著就睡著，但我只能咬著牙，打起精神把手上的書再讀一遍。

印象深刻的是，有次假日到補習班讀書，因為室內外溫差太大，我因而中暑吐了。看見身邊同為教師甄試競爭者鄙夷的眼神，即便我很想上課，只能倉皇的逃回家。沒想到，因為這個悲慘的經驗，後來我到補習班補課時，反而發現另一條學習的新路徑。

找到適合自己的學習方法

當時，補習班會為缺課的學生提供上課錄影帶和播放設備，讓學生在補習班看完一堂三小時的課程。原本我只是抱持著「看一捲錄影帶」的補課心態，卻無意間發現，「快轉」可以為自己省下很多時間。我的筆記手速原本就快，快轉掉老師說的笑話，一邊聽課、一邊吸收，還可以一邊做完筆記。於是本來三小時的課程，扣掉下課休息，我只需要一個多小時就可以看完。

此後，我不再和兩百多人擠一堂課，而是按照自己的節奏去上課，再也不需要為了搶不到好位子，只能坐在大教室的邊邊角角而看不清楚感到焦慮。通常，我會先把自己最專注、精神最好的時間用來讀書，等到下午時間有點累了，再去看錄影帶補一兩堂課，看到老師講到精華處，還可以重複播放。沒多久，我就把所有課程都看完，但依舊天天去補習班感受讀書氣氛，直到考試之前為止。

對於考試，我也是全力衝刺。由於我做的筆記詳盡，每個字都刻在腦海中，練習模擬試題，更是練到這一題是哪一年、哪個縣市出的題目、答案是什麼，全都倒背如流。我大學是數學系畢業，國語科目向來是專長，在教育科目下苦功。就這樣，筆試準備妥當了，而試教、口試則是在學校校長、主任、老師的陪伴下，不斷練習了許多次，還有當時眾多實習同伴的兩肋插刀，過程中實在受到許多貴人的幫忙。大考前，我還報名其他私校的口試與試教當成練習，最後在七月初考上教師甄試，順利成為一名正式國小教師。

除了目標以外更重要的事

回顧過去整個教師甄試的準備歷程，除了目標篤定，義無反顧、破釜沉舟的決心，讓我心無旁騖。因為知道沒有退路，結果攸關存活，我只能不斷朝向目標奔跑，根本無暇分心與焦慮。但在龐大的壓力下，我其實數度崩潰，在學校、在補習班、在考試後期繳不出報名費、電腦又壞掉、身分證還沒印怕來不及寄出報名⋯⋯每個關卡都很艱難，稍有不慎，就可能跌入萬丈深淵，一年努力轉瞬成煙。

但這樣龐大的壓力其實很不健康，也沒有辦法成為好的循環。尤其在長期壓力下，只有不斷要求自己、閉門造車是不夠的。最後幫助我順利考上，可以撐完實習這一年，反而是過程中經常會被人所忽略，但卻是最為關鍵的「休息」。

是的，這段通過教師甄試的經歷和之前升大學的經歷類似，一樣具有壓力、一樣具有時效性、一樣的困難。但兩者相較之下，前者就是有了彈性的「休息」。

當時，我的實習指導教師林淑麗老師常常陪伴我說話、開導我，讓我感受到無比的支持。一群實習的好夥伴，大家一起念書、一起抱怨抒發壓力、一起準備複試。印象最深的是，每週我們都定期約在餐廳相聚，一邊享受美食，一邊談談笑笑。雖然壓力在肩的我，總是在聚會時想著：啊！我這幾個小時的讀書進度又毀了！但每當聚會過後，心靈徹底的放鬆，掏空了這段時間的壓抑和困挫，讓自己重新歸零，感覺又可以重新出發了！

明明之前都覺得沒辦法了，要放棄了，覺得自己讀書效率怎麼這麼差，但只要聚會後，就可以重新擬定比較客觀、人性化的讀書計畫，可以再撐一下、再走一段、再試看看。就這樣，一週一週的情感交流聚會、一次一次的休息歸零、一步一步的前進，不管前進的速度有多慢，只要持續的走，最後終會走到終點。

休息一下，反而走得更遠

對於一個埋首準備教師甄試的人來說，「時間管理」能管理什麼呢？如果這一年無法順利考上教師，難道就是失敗的、毫無價值的一年嗎？事實上，目標固然重要，但過程也同樣重要。當初讓我覺得浪費時間、總想趕緊擺脫的聚餐時刻，回過頭來看，卻是那段苦悶的備考歲月中，所留下的點點滴滴美好回憶，更是讓處於壓力鍋中的我不至於爆炸的關鍵。

現在，我已經成為一個資深教師，許多同事經常問我：為什麼你總是可以一直保持衝勁、精神奕奕，還會滿懷期待的開學？我會告訴他，因為我已經先「支付自己」，也就是先照顧自己，讓自己滿足，身心平穩。像是假期中好好休息，去想去的地方、做想做的事、見想見的人、看想看的美景。心無旁騖，當然能量滿滿，活力充沛的再回到工作崗位。

有時感覺壓力大的時候，我也會每週留給自己幾個小時的獨處時間，讓自己的生活不只是工作和努力、壓力和苦楚。達成目標確實至關重要，但也別忘記欣賞路途中點點滴滴的風景，這些都是精采人生旅途中不可缺少的意義。

4 從「菜鳥教師」到「專業講師」

好不容易通過了實習的層層關卡，還得擠過一%、二%的錄取率窄門，才能在第一年參加教師甄試就錄取為正式教師。對此，我當然非常珍惜。沒想到，等到真正當了老師以後，我卻每天都想辭職。

試想，從前那個沒有任何專長，總在茫茫人海中浮沉的實習教師，如今突然轉變成一個班級的領導者，同時得擔負起一班三十個學生的學習領航者，還要扮演好身為學校重要一份子的角色。種種扛在肩上、擱在心上的責任，都不時促使我想要好好的表現，期許自己能盡快獨當一面，為團體做出貢獻。

所以，為了讓自己能夠迅速成長，好把握這個得來不易的工作機會，又基於想要給別人留下好印象，我自然就成了「沒問題小姐」。每當有人問：

擔任教務組長？「好！沒問題。」

帶一年級班級？「好！沒問題。」

指導作文選手？「好！沒問題。」

全校數學闖關？「好！沒問題。」

處理臨時事務？「好！沒問題。」

凡事多承擔是好事，剛開始多學習也是好事，只是人的時間和體力有限，內心可以承擔的壓力與挫折也有限。即便我天天帶工作回宿舍加班，但沒過多久，強大的壓力和排山倒海而來的挫折，依舊無情的將我淹沒。

輕諾種下的後遺症

巨大的壓力往往會顯現在人的生理與心理狀態上。初為人師的我就是如此。

首先，展現在身體上的徵兆是——感冒永遠不會好。猶記得當時的我，常常一連兩個月都有感冒症狀，每每回家休息了一晚，感覺自己好多了，隔天講完課後，馬上又因過勞而打回原樣。於是，我開始過著上診所掛號又掛號、藥包拿了又拿的生活，連醫生見到我都驚訝的說：「怎麼又是你？」

好不容易感冒總算痊癒了，沒一個禮拜又再次出現症狀。我常常在課堂上咳嗽到無法停止，只好舉起手來要學生等我一會兒，讓我到教室外好好咳一咳。後來，有次竟然在洗手臺咳出血來，導致之後每當感冒，總會引發支氣管炎，落下病根。

除了生理上的不適，心理上也因無法負荷而出現狀況。心裡有太多挫折卻沒時間消化，總顧及別人的感受，卻忽略了自己的情緒也需要抒發。於是心裡有事，只能一壓再壓，等到累積起一堆雜事、要事、私事、還要學習的事，自己就像沒有洩壓閥的壓力鍋一樣，不但嚴重影響工作效率，情緒終究也會有爆發的一天。像我，就曾數度在辦公室崩潰掉淚，然而情緒的波動下，反而讓沒做完的事情變得更糟。

「苟輕諾，進退錯」。超出身體負荷的工作量、壓抑情緒而接下的工作，在背後都有著壓抑自身感受、容許別人情緒勒索、過度在乎他人眼光的隱憂。時間是有限的資源，自己的精力也是。因此，在答應別人要求之前，要先清楚知道自己的時間分配以及可負擔的工作量，知己知彼，方能做出最適當的選擇。

相反的，「來者不拒」的後果，往往因為時間分配出了問題，不僅成果無法令自己滿意，更可能將他人託付的事搞砸，最後落得兩頭空。唯有將自己的產能增加，衡量事情的輕重緩急，確認自己的負擔量，也弄清楚自己的角色，排定好事情的先後順序，再做出是否該答應的抉擇，並釐清做到哪些範圍、程度和時程，如此一來，自己也才能真正為他人做出貢獻。

學習如何說「不」

如果在思考過後，發現自己沒辦法答應對方，或是需要拒絕對自己來說較不重要的事，這時，該怎麼向對方說「不」呢？

• 站在個人的角度，找出自己的替代方案

先綜觀並盤整自己的資源和時間。舉例來說，如果身兼一年級導師和行政工作，

還要增加作文選手培訓和數學闖關活動的工作，這樣勢必會讓手頭上的工作相互衝突。但如果帶的是高年級班級，培訓作文選手就可以在班級課程教學中一併完成，數學闖關活動也可以找高年級孩子來協助，一舉數得。又或者，可以把數學闖關加在所帶領的社團時間進行，把兩件事合併成一件事，減少所耗費的時間和心力，達到雙贏。

• 站在對方的角度，幫對方找到替代方案

以「籌辦全校數學闖關」為例，或許可以這樣說：

「我很想要幫忙，但因為已經接任組長，又身為一年級導師，還要擔負培訓作文選手之責，實在沒辦法再接下全校數學闖關的任務，若勉強接下，可能會因為時間有限而無法獲得好的成果，這應該不是您所樂見的。或許有另一種可能？若衡量培訓作文選手和籌辦數學闖關兩者，學校希望以哪個為重，看看是否有其他老師可以協助另一項活動？或是聘請外校老師，以校外社團活動形式達成數學闖關的目標？」

• 爭取對方的諒解，並提供承諾

盡可能表達目前自身狀態，向對方提出建議。例如：「一年級導師和行政工作對我來說都是嶄新的嘗試，如果再增加其他工作，可能會影響班級和行政工作，為他人帶來不必要的困擾。我很願意幫忙，只是希望先熟悉前兩項。能否於下學期再加入培訓作文選手和籌辦數學闖關活動？」

當然，人生之中難免有許多無可奈何，有時也會遇到無法說理的長官或同事。不過，即使是勉為其難接下強迫交辦的工作，依舊存在討論及爭取的空間，例如站在組織整體考量的立場，增加但書或說明底線：

「我很樂意接下這個班級，但經營班級並不容易。為了讓班級更快上軌道、讓家長能更放心，是否可指派和我有相同理念的科任老師，讓溝通和成效更為顯著？」

「感謝長官信任並託以重任。只是一人之力有限，希望可以加派同事一同協助。」

「訓練學生本來就是我的責任，但巧婦難為無米之炊，還請學校協調學生都可以配合來參加培訓，才能獲得較好的學習成效。也因為這樣，上述時段我可能無法分身進行其他工作。」

於情於理，都有許多討論的空間。再不然，回覆一句：「謝謝長官託付，請給我一點時間考慮。」先爭取時間，好好審視後再答應也不遲。

總之，短期之內接下或許還勉強可行，但是長期則務必審慎思考時間配置，否則必定會影響自己身體和心理健康。如果在時間表上塞入過多待辦事項，導致負擔不來，最後難免面臨身心崩盤、事情無法盡善盡美的結果。「什麼都想做」是時間管理上的一大殺手，就長期來看，反而會讓情況變得更糟，必須有所取捨，或另外找路。

善用槓桿原理，讓工作更省力

人是群居動物，向他人「借時間」，也是很重要的技能。況且每個人都喜歡從幫助別人之中，獲得成就感和意義，若能善用他人的時間和長處，往往能為自己省下更多時間，工作更有效率。就像前面提到的例子，當有人向你提出要求時，你當然可以幫忙，有借有還，互相共好，讓時間管理更加省力。

舉例來說，我第一年擔任教務組長時，就不懂得向他人請求幫助，只靠自己閉門造車、茫然摸索，耗費大量時間不說，還常常因做錯而從頭再來。十三年後，當再次擔任教務組長，我立刻求助於前任組長：「雖然之前有過類似經驗，但不同學校的工作項目差別很大。所幸過去您整理了這麼多齊全的資料，之後我可能會常常叨擾您，再麻煩您多多協助了！」然後，仔細閱讀前任組長製作的檔案和活動紀錄，看見他在任時想透過活動達成的意義和目的，表達認同並持續執行對方理念。

當對方的理念被人看見並認同，自然而然提升其效能感和意義感，對方當然更願意伸出援手，為身為新手的我省下數十倍的時間。利用槓桿原理，善用對方的專業與智慧，幫助自己事半功倍。還有一點千萬別忘了！當自己受到他人誇獎時，也將其歸功於前組長的協助，感謝對方對自己的幫忙和影響。

總而言之，「時間管理」永遠無法靠一招半式就輕鬆達陣。從本質上來看，時間管理也是價值觀管理、精力管理、資源管理等，尤其當自己扮演的角色愈來愈多元，在向下管理後，甚至需要向上管理。時間管理也是「系統問題」，人在群體中，不只有我們自己的系統，還存在著許許多多他人的系統，若能善於開發這些潛在資源，不僅能為自己在人際關係上帶來正向循環，還能讓時間流動源源不絕。

5 無心插柳下開拓的演講生涯

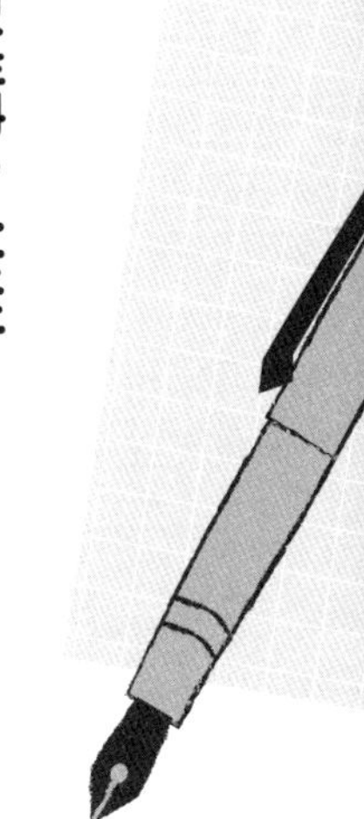

凡事追求完美，只會讓你一事無成。「完成」比「完美」更重要！

從「國小教師」轉變成「演講講師」，一切都是無心插柳。一切從我任教第一年，就開始帶領學校的作文社團、指導作文選手說起。

我本身是數學教育學系畢業，過去從來沒有指導語文選手的相關經驗。因此，當時突然接下這項陌生的工作，只能硬著頭皮從零開始。而我第一個想到的辦法，就是大量購買書籍。

持續閱讀帶來的力量

買一本書籍只需要花費兩百多元，卻能讀到彙集了作者畢生功力、又有系統性的書寫資料，實在是物超所值！就這樣，我大量閱讀各類寫作書：看圖寫作、剪貼作文、精煉句子、讀寫合一、從讀到寫、閱讀和寫作等，不管是體制內教師出版的書籍，或是體制外作文教師提供的寫作絕招，甚至是絕版圖書，只要是市面上找得到的寫作書籍，我統統都買回來研究。讀完書、經過消化後，我將書中內容設計成課程，經實際教學後再做修改。

此外，只要聽說哪裡有作文研習，我就騎著小機車，騎了單程一個小時以上的車程，聽完再騎回來，並將研習內容寫成筆記，同樣設計成課程，並予以實施、修正。

就這樣，學校派出去的寫作選手，在這三年間紛紛拿回第一、二、三名的佳績。我們學校是一個班級只有十個學生的偏鄉小校，卻贏過一個年段有五、六個班級，以及數百名學生的大校。期末會議上，校長請各個老師分享自己教學成果，我站在臺前分享，看著語文教育系出身的資深主任和其他老師不斷筆記。我想，我應該做對了什麼。

小心過度追求完美

沒多久，一位調動到他校的前同事，特地邀請我到他任職的新學校演講。由於這場演講的口碑很好，因而為我爭取到一場又一場的其他演講。就這樣，我透過一次次的分享，意外為自己迎來講師生涯的開端。

只是，當時的我也只是初出茅廬的菜鳥，面對臺下許多資深老師的目光，站在臺上的我真是膽戰心驚。尤其教師研習的現場情況經常是：前面幾排座位都是空的，聽講的老師們則低著頭不斷批改著一疊疊作業本。這時，身為講師如果沒有一兩把刷子，是無法說服聽眾抬頭注視、避免他們提早離開。於是，剛開始接演講的日子，同時也為我帶來了緊張胃痛的生活。

演講前，我會將所有資料翻箱倒櫃，重新閱讀，還會整理龐大的教學照片，再加入許多活動和資料。也會針對對方學校規模、學校老師學習動機的程度，設計需要的橋段和教學活動。最後拖著滿滿的行李箱前往，裡面有各個年級孩子的作品，還加上許多有獎徵答的獎品和贈書。

當時的我，以為這樣做一定能為參與的老師帶來最完整的收穫，殊不知，在追求

「完美」的過程中，還常常因為太執著於修改前面單元，重要單元卻都沒時間修改，更因自己總是整理投影片到深夜，導致隔天的分享精神不濟，無法發揮最佳狀態。演講結束之後，還因為伴隨而來的胃痛，得看醫生、吃藥才能獲得舒緩。

而就聽眾的角度來看，也會覺得講師準備的資料雖然很豐富，但面對過量的投影片反而消化不良。當講師以口頭禪說著：「因為時間的關係，我們今天先跳過這個⋯⋯」，或是匆匆交代許多精采內容，但最重要的部分反而沒有時間完整分享，使得聽眾只聽到淺層的表面概念，無法達到良好的學習效果。

幾年後，有一次我參加其他研習，看著臺上給予過量資訊的講師，這才突然發現，我自以為的「完美」，從另一方面來看，其實是自己「不安」、「沒有站在對方立場思考」的掩飾罷了。

將「完美」放在真正重要的事情上

在學生時代，可以就一項作業盡力做到完美。但出社會之後，工作、生活全部一起來，偏偏時間、資源、精力就這麼多，如果什麼事都要堅持盡善盡美，反而會什麼事都做不好。如何利用「80／20法則」，拿捏出「剛剛好的完美」、「在期限中的完美」，就成了重要的課題。

對於完美主義者來說，往往一次只能做好一件事，其他所有事情都放棄；又或者，常會因為過度要求完美而超過最後期限，一切努力成果終究是「零」。

善於時間管理者，則會看見時間有限，無法每件事都強迫完美，面對自己的不完美，放下對自我的執念和對他人目光的過度在意，真心相信「完成」比「完美」重要。唯有跨越完美主義的心魔，事情才會有完成的可能；而事情能夠完成，才有臻於完美的機會。徒然追求完美，只會讓事情遲遲沒有開始的機會，失敗後，也只能一直用自責懲罰自己。

一直沉浸在他人評價之中的人，往往會過度努力、過度要求自己、苛責別人，事情無論大小輕重，都要求自己一定要做到一百分。然而，現實無法盡如人意，不如預期的評價，總讓他們打從心底貶低及批評自己。為了讓他人看到效率而草草完成，也會讓他人對自己的表現感到不滿意，在心中暗自苛責為何無法做好。

不管是哪一種情況，最後都充滿懊悔、自責、難過的情緒，進而造成自我觀感低落，陷入一次又一次的惡性循環。

希望追求完美、追求進步，這本是好事。但過猶不及，如果可以判別哪些事情需要高標準、哪些通過即可，將完美放在「真正重要、真正需要高標」的事物上，其他則可以保持彈性。在兼顧時間和期限的前提下，剛剛好就好、有完成就好。如此一來，才能順利推動所有該做的事。

放下不必要的完美主義

當我學會放下我的「完美主義症候群」之後，我不再過度追求塞滿時間的投影片，而是學著傾聽現場老師的需求，然後再進行演講分享；我不再追求塑造「我很專業」的個人形象，而是希望老師可以專注於如何增進學生的學習興趣和動機。

當我放下不必要的完美主義，而是追求「剛剛好的完美」、「在期限中的完美」，我愈來愈能享受演講帶給我的樂趣、和現場老師互動的感動，完全不用為自己打分數，更不用在乎自己的表現有沒有一百分。我也更加發現，演講所帶給我的收穫和感動，遠遠比我提供的更多。

當我開始對演講感到享受，就會想要花更多時間研究和投入，因此演講跨足的領域愈深愈廣。從一剛開始的寫作，慢慢到閱讀、圖書館教育、班級經營、多元文化、親職教育、數學教育、行動學習……演講對象愈來愈廣泛；從臺灣本島到澎湖、金門、馬祖、小琉球，從大陸到新加坡、馬來西亞，慢慢的，發現從「做」（教學）、「學」（研習學習）、「教」（工作坊）、「說」（演講）、「寫」（專欄及寫作），讓我不斷對自己的教學愈來愈深刻，也愈系統化。到最後，成長、收穫最大的，還是我。

用「成長性思維」取代「完美主義」

正所謂「吃燒餅哪有不掉芝麻的」，有時我也會對自己的演講表現很不滿意，至今我依舊深深記得表現不好的是在哪個學校、哪個場次。表現不好，那就好好回去檢討原因吧！是對象需求預估錯誤、是活動沒有接地，還是內容無法引發興趣？然後下次再嘗試一次。

這不是比賽，沒有輸贏，而是不斷對自己挑戰。真正的重點在於：我有沒有一次比一次更進步？有沒有讓老師們感動而懷抱熱忱？是否讓老師們重視孩子的興趣和動機？有沒有辦法影響老師，進而影響孩子？

用「成長性思維」取代「完美主義」，可以拋棄對自己不必要的評價和評分，解除完美帶來的龐大壓力和桎梏，真正解放壓力和限制，逃脫「因為追求完美而永遠無法完成」的窘境。意義不在於獲得完美的結果，更是過程中所付出的努力。

當你努力讓自己做得更好，才能擁有源源不絕的動機，以及持續追尋的力量。就長遠的角度來看，完美主義只會讓事事都無法完美，當你不再奢求事事完美、願意接受期限和失敗，擁有了成長性思維，反而能夠真正和時間當好朋友，收到時間帶來的禮物。

6 怡辰老師，你有想過出書嗎？

你一定有過這樣的經驗：愈重要的事情，就愈想拖延。愈拖延，事情就愈糟糕。於是焦慮搞砸一切，自責後悔爬滿身。像是有些人寫論文時卡住了，就跑去把房間整理到光亮潔新，可論文一個字都沒寫；有重要任務在身，但電影看了，劇也追了，任務卻一點都沒動……

當我任教十年，逐漸成為一名資深教師時，有天我收到《親子天下》出版社捎來的訊息：「怡辰老師，願意在我們出版社出版一本書嗎？」

其實，這不是我第一次收到寫書的邀約。我在二〇〇七年開始寫部落格，默默筆耕了八年後，開始收到各家出版社編輯的出書邀約。但事實上，書籍對我來說非常神聖，我只有想過參加徵文比賽得獎金，對於「出書」，則是從來沒有想過的事。

再加上，我一向主張「健康第一、家人第二」的原則，連娘家媽媽都這樣告誡我：「你現在的生活過得很好，孩子還小，千萬別因為寫書又影響家庭和健康。」因此，即便各大出版社熱情邀約，我都不為所動。

答應很容易，實踐卻很困難

只是，唯獨面對《親子天下》的邀約，我實在難以說「不」。因為從我當教師第一年開始，就在學校接受「天下雜誌教育基金會」發起「希望閱讀」的幫助，基金會除了每年都會送給學校百本好書，還提供老師各種研習、閱讀護照、活動等資源。這份恩情如果不報，於我心有愧。

只是沒想到，答應出書之後，就慘了！

人有個陋習，就是當面對愈重要的事，就愈會拖延。愈想把書寫到完美，就愈難以完成。寫第一本書更像是有「新手魔咒」，我腦中總是不停想著：我真的有天分可以寫書嗎？我能完成嗎？這本書會賣嗎？我會不會害出版社賠錢？有沒有可能連一刷都賣不完？我會不會成為大家的笑柄？成為「一書作者」？

這些懷疑和害怕的猜測，就像心魔一樣緊緊勒住我不放，焦慮如海水般向我不斷湧來。於是，我寫了又刪，刪刪寫寫，可是距離「完成」還是好遠好遠。

只要出門，就是抱著筆電。那時孩子還小，在旁邊玩沙，我就在一旁打著電腦；陪孩子睡午覺，我一邊哄著，一邊用手指不斷打字。玩沒有辦法盡心玩，寫也沒辦法全力寫，總是在「我還有事情沒完成」、「沒完成怎麼辦」的焦慮和擔心中，一顆心上上下下，什麼事情都沒做好。

就這樣，整整四年。

我愈是想逃避、不想面對，寫書這件事就變得愈困難，難到我實在不知道該怎麼著手。我好害怕結果不如自己所預期，因而不斷在腦海裡重播我幻想的下場：「明天再說吧！」「下次再寫吧！」「現在沒有靈感」……其實全都是藉口。檔案開了又關，很多事情都因為寫書而延宕、延期。每每有什麼計畫，也總是用：「只能等我寫完書了」、「可是我還沒有寫完書」、「抱歉啊！我還不能去做，因為我的書還沒寫完」

來回應。

當時面對寫書這件事情，我實在一籌莫展，感覺整個人生就卡在這個關口，不能前進，也無法後退，陷入進退兩難的處境。

轉換心態，找到解方

轉變的契機是，一位出版界的前輩告訴我：「縮小自己，讓大家都幸福。」意思是，把寫書的動機，從自己身上的得失，轉為對別人有益的大我；不去想銷量和讚譽，而是如何透過寫一本書，為具有同樣情況的人帶來幫助，就是這本書出版的重要價值。

當我改變心態，整本書就因為換了想法、改了情緒，更因為有了具體的目標以及實際的書寫對象，靈感與文字就嘩啦嘩啦的宣洩出來。

一次要完成一本書，感覺很難。那麼，就把任務劃分成小單元，感覺就會比較容易。每天養成寫作規律，寫完一篇就寄給編輯，最後在編輯的協助下，通過自己這一關。於是，我的第一本書《從讀到寫：林怡辰的閱讀教育》，在二〇一九年順利出版。

二〇二〇年，我開始撰寫第二本書《小學生年度學習行事曆》。這是一本我很想為初任教師而寫的書，因為有了強烈的寫作動機，所以使命感油然而生。也幸虧有寫第一本書的焦慮經驗，我馬上決定好書籍的定位，構思了大綱，去除了焦慮。

不過，當時因為有三個年幼的孩子在身旁，平時除了工作，下班後就是煮飯與陪伴，真的找不到其他的寫作時間。最後，我調整成晚上和孩子一起九點上床，每天凌晨四、五點起床，開始在鍵盤上不斷狂奔，一直寫到七點。每天書寫三個小時，產出兩篇一共整整五千字的文章。共二十天，寫了十萬字，最後成書九萬字。就這樣，因為有了第一本的經驗，第二本可以站在更高的位置與維度著手寫書這件事。

回過頭來看，在寫第二本書期間，因為每天早上都先「吃了那隻青蛙」（青蛙意指討厭想要拖延的事情，第二部會再做詳述），因而克服了焦慮，反倒產生幸福感，使得之後的時間可以全心做其他的事，像是工作、陪伴孩子、處理家務，而不會因焦慮而亂發脾氣。

換個方式思考、先做討厭的事、將事情拆分成小單元再各個擊破、想一想拖延背後的理由。上述都是克服焦慮和拖延的方法，可以實際應用在各種情況中：

- 寫論文好麻煩？寫不出來好頭痛？
  ↓將寫論文拆成小單元，先從整理文獻、搜尋期刊開始。
- 要出考卷好麻煩？等我有靈感、前一天熬夜再出？
  ↓不如先出最簡單的大題就好，不然打開上次的考卷檔案看看也好。
- 期末寫一班三十個學生的評語好麻煩？
  ↓一天寫兩位學生，從看見孩子的亮點開始寫起。
- 公文點擊好麻煩？好多公文不知道該怎麼做？
  ↓將公文拆分成小單元：先把公文分類，不需要的存查，棘手的口頭問問上級長官。

最重要的是，想想拖延背後的恐懼和害怕，然後務必相信：你擔心的事情，九九%都不會發生。讓自己踏出第一步，不管第一步有多小。

不要為自己貼標籤

當計畫延誤、做事拖延之後，很多人第一時間會踏入的誤區，就是「自責」，例如：「唉，我就是一個沒有意志力、不能自律、完全沒有恆毅力的人。」

根本來說，完成一項事情的動力應該是正向的，是為了讓自己擁有更好的生活、完成自己的夢想。而不是負面的「強迫自己要成為一個優秀的人」、「用恐懼逼迫自己要努力」。因此，當自己拖延了、逃避了，導致計畫延宕了，這時，只要輕輕的對自己說：「這是人之常情。看到了阻礙，看到了問題，再重新設計行動方案就好。」

就像我到現在也經常在開啟新挑戰時，因為不熟悉需要的時間，計畫常常延誤，這時，不需要苛責自己，思考統整可能的原因，提出困難，協商討論需要多些時間或改變形式。

不要武斷的幫自己貼上「拖延」的標籤，把心思留給思考造成拖延背後的原因，可能是還沒想到處理的方法，可能是自己還不想做，也可能是時間未到。其實拖延不一定是完全負面的，好好和自己談一談，想清楚了再前進就好。

面對自己的內在性格限制、外界環境限制等各種阻礙，與其抱怨、哀嚎，不如練習轉念，看到問題，轉化問題，不斷尋求解決問題的行動方案。「我只是還沒找到解決的方法而已」，人生，就是充滿一個個關卡的跨越賽。

高效教師的時間管理檔案①

陳權滿

嘉義港坪國小教師。原是一名家庭主婦，四十歲那年就讀師資班，五十歲考取正式教師，成功翻轉自己的人生下半場。

五十歲當老師

大學畢業就結婚生子的權滿老師，是在孩子漸漸長大之後，在因緣際會下到校擔任輔導課業志工，才意外踏上教職之路。當時的她是年近四十歲的家庭主婦，在讀完學士後師資班、通過教師檢定，兩年後才終於拿到教師資格。後來，她在歷經八年的代理教師生涯後，在五十歲那年考取正式教師。看似生涯延遲的人生，權滿老師卻在累積了豐厚羽翼後，爆發出巨大的熱情和專業。

人生四十才開始

我好奇的是，一般老師面對沒考上教師甄試，還當了代理教師長達將近十年，通常都是愁眉苦臉的，權滿老師又是如何看待？

權滿老師笑著說，一般沒考上正式教師的人都會稱自己是「流浪教師」，但她並不喜歡這樣的「標籤」。她說：「標籤是自己貼的，而我們可以選擇換一個標籤。我會稱之為『在地遊學』。我喜歡旅遊，也喜歡教學。有機會像我這樣一年換一個學校，到處體會不一樣的風土民情、和不一樣的人交流，是件很棒的事！我去過偏鄉小校，也去過一校五十班的中大型學校，這是我練功的機會。」

後來，權滿老師在某校的代理任期結束時，當地里長還辦桌請她吃飯，彼此的深厚情誼，可見一斑。「我後來想，我可以長出這麼多力量的關鍵是什麼？我覺得是學習！」

啟動學習的轉輪

權滿老師認為自己人生的轉捩點是「四十歲」。四十歲以前，忙家庭、忙孩子，不料人生又突然給她一個大挑戰：經濟壓力。那時，她為了生活，每天忙碌於補習班和家教工作，心裡有苦，卻無法宣洩。有天，孩子學校的老師稱讚她有教學的天分，建議她去修師資班。她也真的去修課，沒想到就此開啟嶄新的視野，儘管生活更加忙碌，內心卻十分快樂。

「上師資班之前，我常常會覺得憂鬱，好像被家裡的事情、自己的事情給困住，整個人生灰茫茫的一片，甚至想過要放棄人生。」一歷經過生命幽谷，權滿老師告訴自己：我知道我可以改變，而且我也真的可以。花在抱怨的時間是浪費，未來會怎樣我不知道，但過去的一切清清楚楚。她堅定的告訴自己：「我要改變！」

生活有了新的重心，加上富有強大學習欲，權滿老師整裝待發，迎接人生下半場。她回想四十歲生日那天，剛好也是師資班上課的第一天，彷彿像是自己的重生之日！後來，她學會了電腦開機、開始練琴。她說自己就像一口枯井受到了滋養，不斷增能、改變與成長。過程中，挫折在所難免，但正因為挫折是必然，點滴都會變成沃土。

永遠抱持成長性心態

一路走來，權滿老師不曾放棄任何學習的機會，參加噗浪客研習、夢N、行動學習、工作坊、數學研習、實境教學等等。翻開權滿老師滿滿的學習歷程，她的行動力令人驚訝，寒暑假經常都排滿了行程，歷經多年依舊不變。權滿老師，你都不會累嗎？

她回答，學習是一種累積，能夠

「滾動式」的成長，是很幸福的事。

當然，有時候沒有辦法吸收所有學習，這時她不會貪心，先從模仿開始，有清楚的脈絡之後再慢慢爬升。如果沒有辦法模仿，就先調整轉化，把研習的養分放在心裡，再視孩子的狀況，盤點現有課程，做有效率的融入。也許在研習會場聽到一百個想法，回來可能只有實踐了十個、甚至五個，都好！

最怕就是有壓力的學習，所以權滿老師都抱持著「我是去玩的」心態，她說：「我擁有穩定的工作、愛與歸屬，精神層面富足，還有這麼多學習的機會，每天都好好玩。我對別人有貢獻，能獲得成就感和意義，每天都『哇！』的度過一天，從當初的低谷爬升到師資班，我看到了天空，看到了星辰，我已經無限感恩。」

迸發的教育力

如今，權滿老師除了到處分享教學熱情及專業，更和特教老師合作融合教育的服務學習課程《穿越圍牆的愛》，課程緣起於一位口不能言、雙手因肌肉無力無法書寫的特教生想到權滿老師的班級中融合學習，後來，權滿老師將其規劃為長期課程，讓普通班孩子帶著更多特教班孩子學習，藉此讓特教班孩子看見自己的優點，普通班孩子也學習尊重他人。

從日常教學、融合教育、閱讀長期深耕、帶孩子進行專題研究、帶學生參與比賽，還擔任研習講師，權滿老師願意當一個永遠說「YES」的老師。她說自己是很憨慢的人，優點是不會輕易放棄，願意勇敢的嘗試。她喜歡和學生在一起，從中感受到幸福。

走過大山大水，經歷過摩擦和困挫，面對無理的攻擊，權滿老師都一笑帶過，也能憐憫和同理。「不管現在怎樣，你永遠可以選擇你要的生活！」權滿老師的生命故事，為這句話做了最好的詮釋。

權滿老師的智慧小語

標籤是自己貼的，
而我們可以選擇換一個標籤。

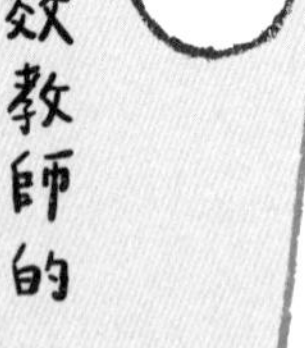

高效教師的時間管理檔案②

蔡淇華

彰師大教育所畢業。現任惠文高中英文教師及圖書館主任。曾獲臺中市文學獎首獎、新北市文學獎首獎、臺中市詩人節新詩創作首獎、總統教育獎主題曲首獎等，同時也是多本暢銷書作家。

善用時間，活出意義來

高中重考兩次、大學聯考數學十二分、大學被當，淇華老師說，很遺憾的，學生時期的自己並沒有找到真正的目標，因此在學習上總是沒有太大的動力。畢業後，他先進到一家貿易公司工作，這時的他意識到學習的重要，於是利用下班時間進修國貿系課程。

工作一年四個月後，公司將淇華老師晉升為進口部的小主管，雖然工作能力獲得肯定，可是他心中很清楚，因為沒有創造性的日常，這並不是自己喜歡的工作，於是後來遞出辭呈，決心轉戰需要創意的廣告業。

進入廣告公司擔任文案，淇華老師更加努力的把握每個學習機會，像是美術、排版，下班則會聽演講充實自己。

雖然工作上做出不錯的成績，但當時的薪水一個月只有一萬三千元，繳房租又要扣掉八千元，每當回家看見母親辛苦的做家庭代工，用強力膠沾黏一雙雙鞋子，淇華老師總是感到不捨，開始探問自己：生命的優先責任是什麼？思考過後，他決定返回中部，先為破產的家庭盡一份力。

兩段看似與教育不相干的經歷，卻絲毫沒有白費。在業界的磨練下開啟了眼界，在貿易公司累積起來的英文聽說能力，在廣告公司培養起來的文案、美術與行銷能力，都為淇華老師後來的生涯之路儲備許多重要的養分。

迷路原為看花開，愛上教學

回到中部後，淇華老師先應徵上補習班的英文輔導老師。他從不計較是否準時下班，總是讓學生盡情問問題。他發現自己在與學生互動中，得到以往得不到的快樂與成就感。當學生問得愈多，他也從中知道學生學習英文的迷思和困難所在，英文文法就在這時熟練了。後來，淇華老師以英文筆試接近滿分，錄取彰師大學分班。之後，淇華老師繼續往教育之路邁進，投出履歷表，成為彰化私立精誠高中教師。

在精誠高中的教學生活相當精實，淇華老師表示，他一週要上二十六堂課，假日晚上還會去補習班上課，這樣的生活模式就這麼過了七年，幾乎沒有半點休息的私人時間。

淇華老師不是一個「照著學校規範走」的老師，一切都以「學生」為出發。例如他擔任高一學生導師時，為了讓班上學生不害怕開口說英語，寧可自己掏腰包補鐘點費，也要邀請外師來協同教學；也會利用班會課，邀請各方業師來班上分享，例如：留學生、法官、律師等，目的是希望讓學生開拓視野。到了週末，還曾經邀請學生在下午茶時間一同欣賞電影，藉由電影談文學、話人生、聊生命。

平日在學校排了滿滿的課，連假日都要到補習班教書，還擔任電影欣賞社指導老師，週六下午為學生安排電影欣賞時間，觀影後，還興高采烈的講影評。淇華老師簡直像是蓄滿能量的超人！

我好奇的問他：「老師是怎麼做到時間管理的？」淇華老師笑著說：「當你對教育有熱忱的時候，你做的一切是馬斯洛提到的『自我實現』，就會完全樂在其中。且當你提升了自我專業，提高了學生的學習成效，就有更多餘裕時間來豐富學生的生命，也讓自己的生命有意義。每個老師都說忙，也都有家庭要照顧，但『沒有時間』往往是因為熱情不足。」

先把時間留給最重要的人和事

後來，淇華老師考上兩所公校，二〇〇二年至惠文高中任教，先擔任組長，二〇〇四年擔任圖書館主任至今。他的事情愈做愈多，不僅是獲獎無數的資深教師、寫過多本暢銷書作者、專欄執筆作家，還同時帶領六個學生社團。但直到現在，淇華老師始終秉持著「重要的人和事優先」的原則，例如：個人每天的睡眠時間很重要；女兒十年前上大學後，他會每月安排與太太兩人的三天兩夜旅行，重新和太太戀愛；此外，他和詩人好友、創世紀詩刊主編嚴忠政老師，每週固定相聚一次，持續十四年沒有中斷過；其他像是和朋友每週球敘、看電影等。

當留下時間給親友、休閒與運動後，淇華老師知道工作後，會有一段已安排好的「快樂時光」，所以工作時會更專注、更有效能。即使晚上要寫稿，淇華老師依舊堅持將小桌子移到客廳，一邊寫，一邊陪伴老婆追劇，如此一來，當看到有趣、好笑、感動的時刻，兩人就能彼此回應。

善用時間的祕訣

「時間管理的後設認知是什麼呢？」

淇華老師笑著說：「重要的是，要讓時

間有意義，這樣才需要時間管理。」而在這樣龐大的工作份量下，像是淇華老師主辦四百人參加的中臺灣模擬聯合國、中青文創營、中臺灣聯合文學獎，更是影響十幾個學校。這樣龐大工作量，除了懂得授權，80／20法則，用二〇%時間精力資源，完成最關鍵的八〇%任務，因此做的活動只求樸實，但重視核心效果。領導、計畫、決策執行、省思、調整都是關鍵。

不只工作，同樣的原則也運用在生活中解決問題。現在擔任社區主委的淇華老師，面對社區共二百八十多戶各種層出不窮的問題，以往委員開會經常要花兩個多小時，現在他主持只要花十分鐘，如何做到？

淇華老師說：「現在有許多社群媒體可以幫上許多忙，只要重要的事情充分了解後，快速授權與決策，並在筆記本寫上追蹤事項，當自己的外部大腦，就可以輕鬆完成許多重大事務。」

其實，這就是妥善運用網路群組，再利用企業界早已普遍運用的一套PDCA「目標管理」流程，透過「規劃」（Plan）、「執行」（Do）、「查核」（Check）、「行動」（Act）四階段，就能有效達成目標。且重大的事情要用艾森豪的四象限法來判斷，提早做「重要但不緊急」的事情，不僅有條不紊，還可容許自己有緊急應變的時間，不會感覺每日活得很匆忙。

對於「時間管理」，淇華老師最後要分享的智慧是：「有些人活在過去，有些人只看現在。但我們要有活在未來的能力。方法是透過不斷的學習，看穿時代的問題，而且要有責任感，提早為其做準備，就能成為時代的領導人，並活出自己的意義來！」

淇華老師的智慧小語

有些人活在過去，有些人只看現在。但我們要有活在未來的能力！

PART 2 概念原則篇

高效教學與工作

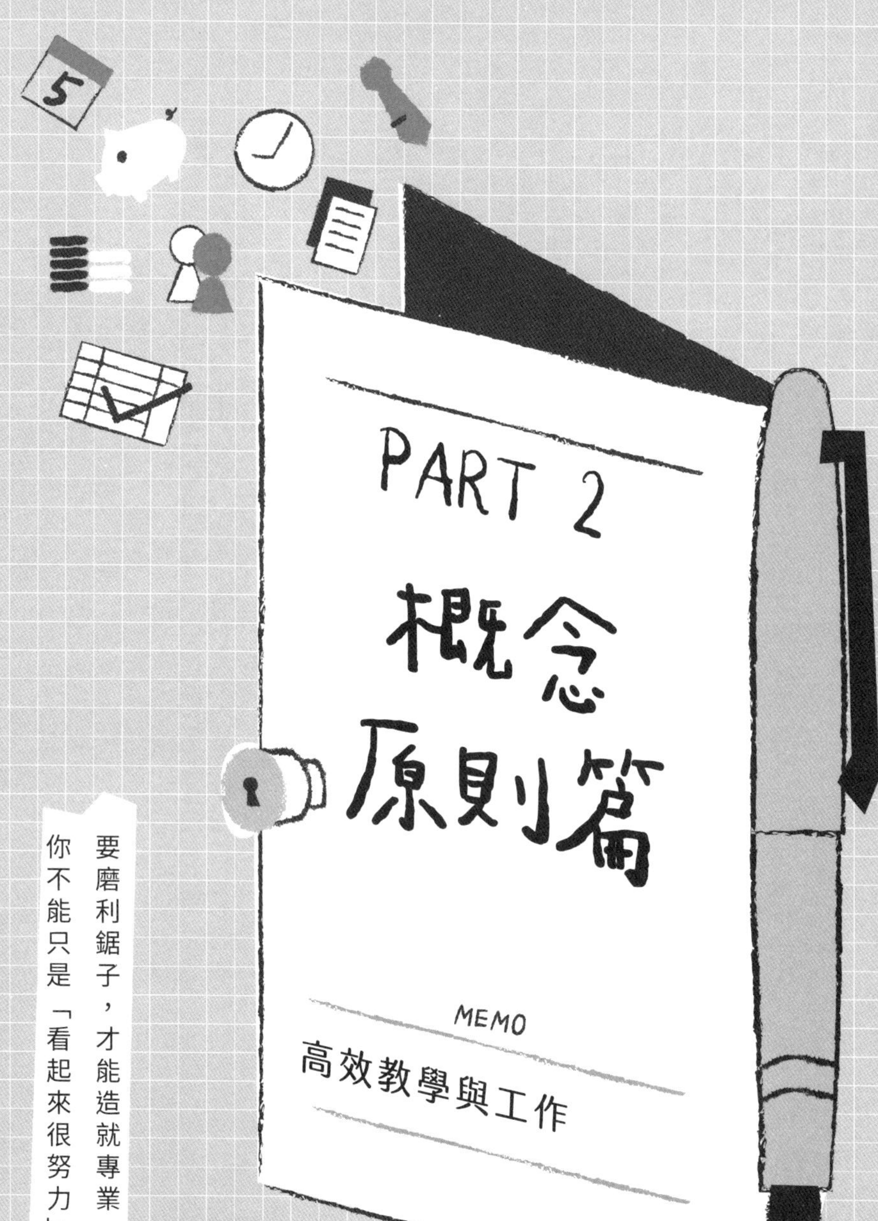

要磨利鋸子，才能造就專業，
你不能只是「看起來很努力」就夠了。

7 找到屬於自己的北極星

#訂立目標

這一生，你為何而來？你想活出怎樣的人生？你想留下什麼？

年輕時，我時常為了債務、房租、溫飽而四處奔波，每天只想著：還可以做哪些工作？還可以從哪裡省錢？目標是為了「生存」。

為了考上教師，每天只想著：要讀哪些書、要考哪些縣市、該怎麼準備試教、口試？目標還是為了「生存」。

等到當上了教師，成為了講師，我每天開始絞盡腦汁的想著：怎麼樣可以教得更好？如何提升學生的學習動機和興趣？如何幫助孩子培養自學能力？如何使他們擁有更好的現在和未來？

到了這個階段，我的目標不再只是為了「生存」，而是為了「生活」和「生命」。

尋找心方向

人在不同年齡、不同狀態之下，會追尋著各自不同的目標。對我來說，「目標」是出發的方向、是行進的指引。沒有目標，有沒有出發都無所謂；沒有目標，一切都是零。

人生是一場漫長的旅程，如果心裡沒有預做規劃，你想看到的美景不會出現，你想要的「詩和遠方」，也只能在夢裡相遇。而規劃的起點，就是要找到那顆屬於你的北極星。

你所決定的目標，代表你擁有怎樣的人生價值觀，以及你想成為怎樣的人。所以，踏出旅程的第一步，就是先好好的跟自己對話，問自己：如果沒做什麼，我會後悔來人生這一趟？

以我的生命歷程為例。年輕時，我的目標就是還債。只要把欠的債款還完，全家就可以過上安心的日子，可以住在自己的房子裡，不用再擔心「說搬就搬」而狼狽不堪。於是，買一棟房子變成我的北極星。

意外步上作家之路後，我漸漸發現，原來自己可以為別人帶來助益，這是生命的意義；我也從寫作中發現，縮小自己、為他人貢獻一己之力，讓更多人懂得長時間的價值和行動，是我一生最想做的事。寫作，就變成我的北極星。而這樣的使命感更為我帶來無窮的動力和恆毅力，成為生命的核心價值。

每當遇到困難時，北極星總為我照亮方向，讓我更加堅持、永不放棄，願意繼續不斷的嘗試；也影響了我的生命，滲透我每一天的生活。

在這個過程中，我從求「生存」，到會「生活」，最後找到「生命」的意義。因為有意義，所以每日踏實；因為有意義，所以有心流、有幸福。

如何設定目標

人生最可怕的事，就是傾盡全力往錯誤的目標邁進，到頭來才發現，全都是一場空，而且還錯得離譜。你費心找來梯子，不斷往上努力的攀爬，最後到達了終點，這才發現，原來梯子搭錯了牆，何等可怕？

相反的，一直無所事事也不見得幸福。唯有在過程中傾盡全力，進入心流，產生意義，內心才會感到幸福。

而且，目標在精不在多。要往內不斷叩問自己：「什麼是我真正想要的？」刪去不重要或次要的，留下重要且必要的目標。如果什麼都想抓，最後結果往往是什麼都沒有。

或許你會說：「可是，我都沒有目標啊。我根本不知道要往哪裡出發！」如果你還沒找到屬於自己的北極星，以下有幾個方式可以幫助你思考：

● SMART原則

說到訂定目標，就不能不談及「SMART原則」。目標過於空泛，是訂定目標的大忌。訂定目標時，如果愈符合「明確」(Specific)、「可衡量」(Measurable)、「可實現」(Achievable)、「切實可行」(Realistic)、「有時間限制」(Time-bound)等五項原則，就愈有希望成功抵達終點。

舉例來說，「我希望今年可以更健康」，這顯然就是個相當空泛的目標。但如果我們將目標改成「今年每週至少慢跑一次，一次至少三十分鐘」，情況就會截然不同了，因為對於目標的陳述更明確，有數字方便衡量，而且一週一次的目標也切實可行，衡量其他可能出現的突發狀況及整體考量，門檻不至於太高，甚至能將時間限制在今年的每一週內執行。

相較於「我希望今年可以更健康」，「今年每週至少慢跑一次，一次至少三十分鐘」就是一個符合「SMART原則」的目標。遵循上述五項原則，就能提醒我們在訂定目標時不會流於空泛，立下確實可行的目標，才有成功實現的可能。

• 人生腳本法

《勇敢如妳》作者張怡婷（EVA）曾在她的音檔課程「多職女人的WISE人生管理術」中提到：你可以透過想像，寫出你的人生故事。首先，先寫下過去十年裡，你已經發生的重要事件。接下來，想像接下來十年裡，又可能會發生哪些事件。下一個十年呢？

當然，人生腳本不一定只有一個，這同時也代表著你的人生有無限可能。不過第一次寫人生腳本的你，可能會感覺有點茫然，那麼，或許可以先從回溯去年的十大事件開始寫起。

以我來說，我已經習慣每年年底時都回顧寫下每年的十大事件，像是我的二〇二一年十大事件是：和老公一起聽伍佰演唱會；到谷關、墾丁、屏東家族旅行；幫助「為台灣而教」（Teach for Taiwan）培訓偏鄉教師一個月；噗浪客線上千人演講；馬來西亞和新加坡線上演講；挑戰了線上作文班及線上演講；撰寫新書；開始投資；疫情期間幫助婆家葡萄園出貨，還上了許多線上課、達成自我學習的目標……

從回顧十大事件中，我看見自己重視的部分是：「家人關係」、「對他人付出」和「自我成長」，而缺少的部分是「健康」與「靈性」。然後，依照這樣的想望，想像未來五年或是十年可能的發展，看到自己追求的方向，發想往後想要執行的挑戰和夢想。

例如，接下來你希望投身偏鄉教育，或是透過書寫幫助更多家長和老師等等。你的未來充滿著各種可能的不同路線，趕快寫下自己想去的地方，開始為自己定錨，設定出發的方向，大膽的發想！

• 九宮格法（曼陀羅計畫表）

在日本大聯盟投打俱優的「二刀流」大谷翔平，在十七歲時就運用「曼陀羅計畫表」，幫助自己達成目標，充分展現他在目標設定、自我管理的野心。

首先，「曼陀羅計畫表」是以九宮格為基礎，如果是一生價值觀的規劃，做法是：在最中心那一格寫下自己的姓名，旁邊八個格子則寫下自己人生的八個核心目標，例如：「健康」、「家人」、「工作」、「財務」、「社交」、「心靈」、「學習」、「夢想」等，幫助自己思考哪些是人生重要層面。

接著，再根據八個重要層面，擴散新的九宮格，發展出實際的行動方案。舉例來說，如果你認為「家人」是重要的層面，那麼就可以再列出父母、兄弟姊妹、公婆、孩子這幾個重要對象，方法則可能有定時連絡、定期陪伴、優質對話等。讓重要的價值不止空談，而是全面的、延伸到行動的計畫方式（圖2-1）。

你也可以製作以一年為期的目標九宮格，方便自己以一年的時間做思考。像是針對「健康」的具體目標可能有：定期健康檢查、體重控制、注重飲食、每天運動等。

如果沒有具體寫下目標，結局往往只會灰飛煙滅。一旦把自己認為的重要價值與

圖2-1　曼陀羅計畫表

冥想	正念	靜心	關心近況	每年定期相聚	結交新朋友	旅遊基金	開源	稅務整理
身心靈書籍	心靈	感恩	生日祝賀	社交	認識不同領域	獎金	財務	投資及保險
音檔	音樂	日記	遠方訊息聯絡	朋友定期相約	同事每天關心	固定儲蓄	緊急備用金	記帳檢討
主題閱讀	記錄心得	特有領域書籍	心靈	社交	財務	專案處理	每年接受新挑戰	專業書籍
書單搜集	學習	新領域書籍	學習	姓名	工作	工作效率提升	工作	研習
定期書局	圖書館查詢	電子書查詢使用	夢想	健康	家人	升遷	專業提升	記錄及反思
付出奉獻	好好生活	烹飪	心理健康	定期健康檢查	體重控制	父母關心	兄弟姊妹	公婆
縫紉編織	夢想	歐洲自助旅遊	覺察壓力	健康	注意飲食	保留時間相處	家人	其他親人
半馬	騎腳踏車環島	露營	喝水	注意姿勢	每天運動	相處品質	優質對話	孩子共讀

目標具體填入格子中，再往下做延伸思考，就能更清楚知道還有哪些方向可以實踐。記得，完成曼陀羅計畫表後，要把它貼在每天都看得見的地方，這就是你今年度的出發地圖！

● 時間軸

前面我們介紹了許多設定目標的方法，無論是最基本的「SMART五項原則」、向宇宙下訂單的「人生腳本法」，或是能幫助正值衝勁十足階段的你的「九宮格法」，都是相當常見且實用的技巧，能幫助我們根據所要達成目標的性質和所處的人生階段，做出適當的選擇。

隨著人生旅途不斷向前邁進，近幾年，我開始採取比較彈性的「時間軸＋五十大目標」（圖2-2）。

在這趟生命旅程中，隨著不同的人生階段，我們必須扮演不同的角色。在年輕、單身時期，自己可以為了工作火力全開，但隨著自身角色的轉變，開始孕育了自己的家庭、人生出現轉折，以及父母逐漸老邁，目標也需要不斷進行微調。

圖2-2　時間軸＋50大目標

（適合有序列時刻性目標）

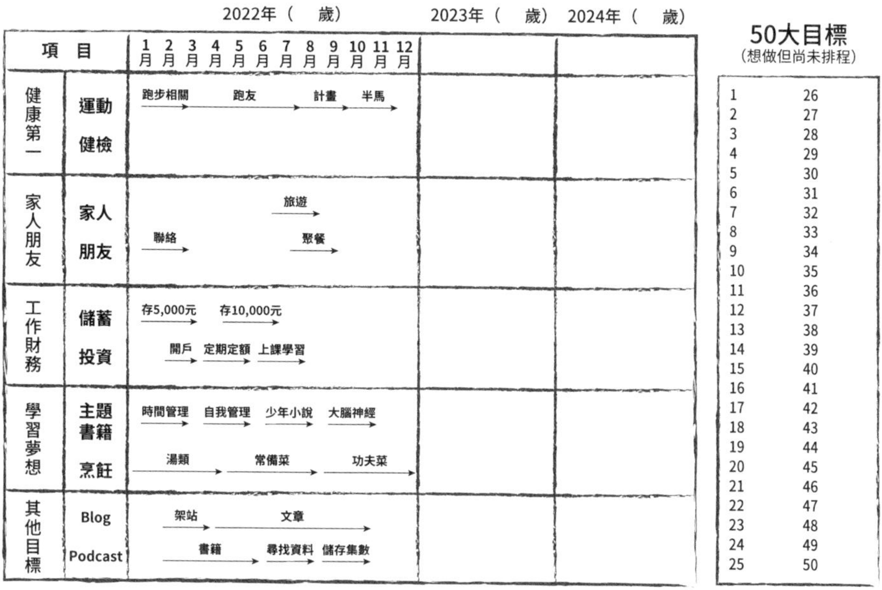

項目		2022年（　歲） 1月 2月 3月 4月 5月 6月 7月 8月 9月 10月 11月 12月	2023年（　歲）	2024年（　歲）
健康第一	運動	跑步相關→ 跑友→ 計畫→ 半馬→		
	健檢			
家人朋友	家人	旅遊→		
	朋友	聯絡→ 聚餐→		
工作財務	儲蓄	存5,000元→ 存10,000元→		
	投資	開戶→ 定期定額→ 上課學習→		
學習夢想	主題書籍	時間管理→ 自我管理→ 少年小說→ 大腦神經→		
	烹飪	湯類→ 常備菜→ 功夫菜→		
其他目標	Blog	架站→ 文章→		
	Podcast	書籍→ 尋找資料→ 儲存集數→		

50大目標

（想做但尚未排程）

1	26
2	27
3	28
4	29
5	30
6	31
7	32
8	33
9	34
10	35
11	36
12	37
13	38
14	39
15	40
16	41
17	42
18	43
19	44
20	45
21	46
22	47
23	48
24	49
25	50

什麼是時間軸呢？一般來說，訂立目標如果沒有時間軸，很容易一天拖過一天，如果用時間軸加上預定時間，就可以更明確掌握實踐時間。因此，已經確定有時效性的項目，我就會使用時間軸來計畫。

以圖2-2為例，「健康」、「家人朋友」、「工作財務」、「學習夢想」、「其他目標」，這幾個是有明確時程的項目。舉例來說，在「健康」這個項目，我習慣在年底進行路跑報名活動，每年給自己安排一場路跑，以終為始，就會往前規劃：三月前搜尋跑步相關資訊、七月前跑友聯繫、九月前積極計畫路跑、最後年底實踐。

簡單分項也因為有了時間軸，更具備實現的細節，同時方便進行在下一篇文章將談到的「繪製你的地圖和放路標」。

● 五十大目標

而「五十大目標」，則是寫下你今生很想實現的目標，卻暫時還沒有機會著手的「暫存區」。記得年少時，我總是面對著龐大的債務壓力，今天還完，明天又一筆債務進來；明天還完，後面又是一筆債務待還。每次都很努力的即將跑到終點了，卻發現終點線又往後挪移。只能環視四方，不知何處是終點，懷疑自己這麼努力，到底是為了什麼？

就這樣好幾年過去，我已經累到沒有力氣可以繼續堅持。每次的目標總是虛無飄渺，無法達到。當我在圖書館翻開旅遊書，看著那一頁頁繽紛的景色，充滿異國情調的美好。我心想：世界這麼大，我都還沒看夠、玩夠。我不甘心！

於是，我開始寫下我想要完成的各項目標：去美國和加拿大賞楓、學一首曲子等，這些美好的目標常常激勵著我去完成它。現在，我也每年重新寫下自己的人生五十大目標，念念不忘，必有迴響。

不過，剛開始寫下自己人生的五十大目標時，會發現要把五十大目標寫滿，還真不是一件簡單的事。回顧我年輕時的目標，還債、買房、投稿、比賽等目標都漸漸逐項完成，還達成了不在清單上的寫書、出書。至於現在，我則是以我和孩子的共同目標為主，像是：騎腳踏車環島、露營、歐洲自助、煮年夜飯、潛水、半馬、種菜、寫書法、縫紉等。當你愈努力去實現，清單上的事項會愈來愈少，就如美國女演員安潔莉納・裘莉（Angelina Jolie）說的：「我沒有夢想，因為都已經在執行中了。」

對我來說，光是把目標寫下來，就能讓我感到衝勁十足，並發現：原來還有這麼多夢想等著我去實現，原來還有這麼多計畫等著我去挑戰。寫下目標，就能製造出實現目標的魔力！

舉例來說，前幾年，我開始注意到「露營」。當我寫下這個目標並分享給老公，我們倆就像是頭上裝設天線似的，只要看到有關「露營」的事物，就會立即被吸引過去。我們先從臉書文章、露營影片開始大量閱讀、瀏覽，最後找到可以陪我們試露的同事，購買符合我們需求的裝備。現在，這項目標已經從我的五十項目標中刪去，因為，它已經被實現了！

當下的力量

從為「生存」而奮力掙扎，到開始能夠品嘗「生活」的滋味，再到找到「生命」的價值與意義，隨著你的目標愈來愈宏大，早上叫醒你起床的將不再是鬧鐘。當你不再覺得自己是被逼著完成目標，而是來自內在強大的力量驅動著你的靈魂，你會開始發現，天天都是如此珍貴，時時刻刻都需要珍惜，分分秒秒都不容錯過。

想要找尋屬於你的北極星，就要務實的寫下目標，並放在時常看得見的地方，讓自己可以時常凝望著它。當你有了出發的方向、有了想要的渴望，你就擁有克服種種困難的養分。

「瞄準月亮，即便你沒達到，你將置身星星之中。」旅程，即將開始！

8

善用策略

繪製你的地圖、放路標

每個人都有屬於自己的北極星，但有些人只是抬頭仰望，卻從未出發；有些人則是隨意出發，卻走錯方向。因此，當我們有了目標，更要有地圖和路標，才可能真正抵達目的地。

不管你設定的目標時程是終其一生、十年期、五年期、三年期，還是一年期，如果不曾繪製地圖、務實出發，那麼，你永遠只能遠遠望著掛在天際的目標。

對於自己想要達成的北極星目標，在繁忙的工作中、在所扮演的多重角色裡、在生活中繁瑣事務的洪流衝擊下，更需要地圖和路標時時提醒自己持續前進，才能不被曲折河流截斷路途，不被崇山峻嶺阻擋視野，不被綿延山谷扼殺了想望，讓你的北極

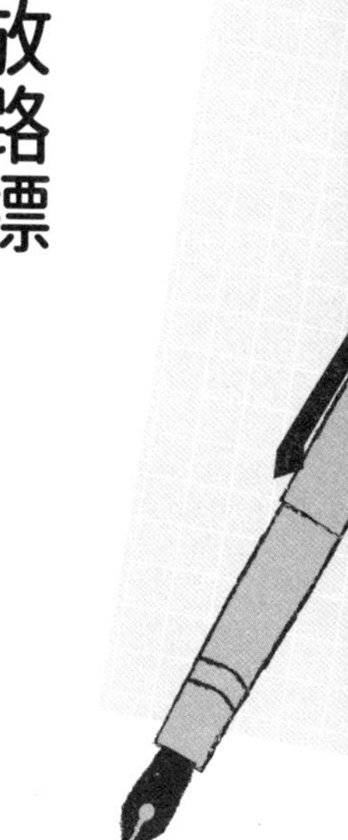

星落實在每天的日子裡發生。

對我來說，即使是遠大的目標，只要將它拆解成小目標、思考實踐的步驟，看見目標和現實之間的距離，接著排定到達的途徑，克服阻礙，持續前進，終有一天能抵達目的地。

可是，這說起來很簡單，做起來卻不容易。因此，我們需要把焦點放在時間軸上，將大目標分派成小目標到每一年、每一月、每一週、乃至每一天，務實的落地執行，才有可能真正實現最終目標。

有些目標可控性較弱，時程往往不在自己掌握當中。有些目標則因為變化微小而不易察覺，更容易被人忽視，像是健康、運動、飲食、家庭等，就需要透過建立習慣，用習慣來自動導航，幫助自己時時覺知與調整。關於習慣的建立，下一篇會做更詳盡的介紹。

敲碎擋路的大石頭

目標、計畫、開始、執行、持續、不斷嘗試、克服、完成，上述要素缺一不可。

圖2-3　將大目標拆解成易達成的小目標

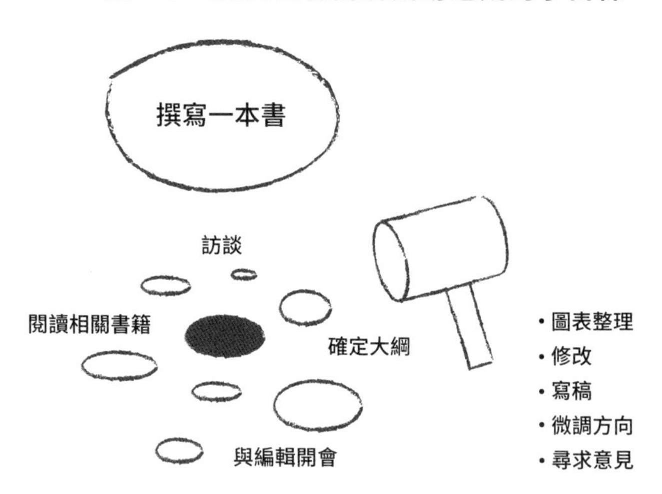

將敲成小石頭的事項，一一放入每日方格時間軸中

還要克服第一部所談的種種心態因素，方得抵達目的地。

舉個例子來說，如果「出版一本書」是你的北極星，那麼，找尋相關書籍、舉辦講座或線上課程、擬定自己的方向、認識相關出版人員、擬定大綱、投稿相關文章、開設粉絲專頁、書寫部落格等，就是其中的地圖。

如果你覺得「出版一本書」的目標難度就像顆大石頭般太過龐大，那麼我們也許可以試著先把大石頭敲成小石頭（圖2-3）。你可以利用「SMART原則」，先設定多個並行的小目標，像是：

每週發表一篇與書籍專業有關的文章；學習相關寫作技術；報名線上課程，上完課並書寫一篇一千字文章；每個月到圖書館閱讀兩本相關領域書籍等等。

沿途中，我們也需要透過「路標」，舉例來說，撰寫這本書時，沿途不斷檢視自己的方向是否正確，是否與其他同類型出版品做出區隔性？考量到一般讀者是否看得懂？如果是長期需要做的事項，我甚至會在手帳中繪製圖表，讓自己形成習慣（見第三部手帳篇）。

看起來輕鬆簡單，只是，人們常常誇大了一年的價值，卻小看了一天的積累。重點在於天天持續、難在時時累積，過程中會遇到困難、看不見終點仍相信努力，還得要在每天雜事工作中咬牙實踐，其中還有很多曲折需要克服。

迅速判別事務的分類屬性

人在江湖，你的時間常常不是你的時間。

每天忙碌於工作，往往開個會之後，又冒出許多突如其來的意外待辦事項，不斷插入的臨時電話與訊息，頻頻打斷工作節奏。善盡家庭責任，帶家人看醫生、陪伴孩子、做家事，都是固定的時間開支。還要加上自己休息的時間……一天下來，早已沒有任何心力，只想發懶。一想到還有一堆待辦事項，光看了就心累。

對我來說，面對這種情況時，如何判別事情的輕重緩急，以及組織結構這些待辦事項的能力，是時間管理的核心，也是我思考時間管理的直覺反應。《與成功有約》書中提到，可以將事務區分為四類：「緊急又重要」、「不緊急卻重要」、「緊急卻不重要」、「不緊急也不重要」（圖2-4）。

愈是忙碌的人，工作清單上愈是有許多待處理的事務，如何迅速判別事務的分類屬性，便成為一種重要的能力。對個人來說有價值、有利於實現目標的事項，就是上表中第二類「不緊急卻重要」事務，這類事務往往能帶領我們成功抵達北極星，但前提是，要先跨過「緊急又重要」事務的門檻、「緊急卻不重要」事務的妨礙，以及「不緊急也不重要」事務的誘惑。

如同我們在第一部提過的「罐子哲學」（第39頁），在彙整工作清單、列下優先順序時，就要判定哪些事情是大石頭，哪些事情是小石子或沙子。以教師的工作為例，像是建立人際關係、撰寫使命宣言、規劃長期目標、防患未然，應該被列為「不緊急卻重要」事務，能為我們帶來長時間的價值。在教學上，有效培養孩子的閱讀習

圖2-4　時間管理矩陣圖

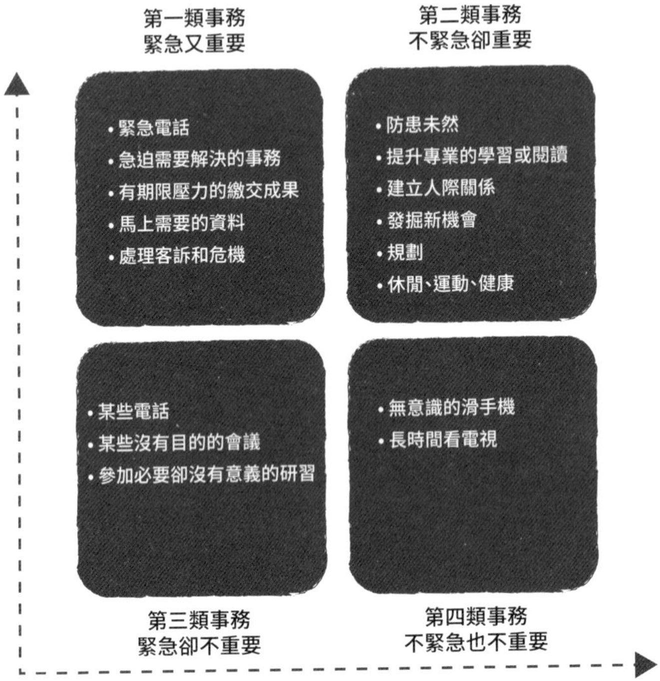

第一類事務
緊急又重要

- 緊急電話
- 急迫需要解決的事務
- 有期限壓力的繳交成果
- 馬上需要的資料
- 處理客訴和危機

第二類事務
不緊急卻重要

- 防患未然
- 提升專業的學習或閱讀
- 建立人際關係
- 發掘新機會
- 規劃
- 休閒、運動、健康

第三類事務
緊急卻不重要

- 某些電話
- 某些沒有目的的會議
- 參加必要卻沒有意義的研習

第四類事務
不緊急也不重要

- 無意識的滑手機
- 長時間看電視

慣和興趣、讀寫能力、恆毅力、自學力、品格和成長性思維等等，更是「不緊急卻重要」的教育長遠核心所在。

分類、完成、刪除

然而，一般教師很容易會被眼前的雜事困住，臨時出現的電話、拜訪、支援行政、小考、處理突發狀況等等，畢竟這些事情看起來十分緊急，也必須立即處理。曾幾何時，大家在不知不覺間，忘記了要追隨北極星的指引，鎮日迷失在「緊急又重要」的事務之中。可隨著時間過去，孩子依舊沒有根基性的成長，到頭來自己只是白忙一場。

也因此，當你完成了可行的目標設定，跨過了第一部所說的情緒黑洞，好不容易來到目標邊邊，卻始終被急事追著跑，從每天固定的工作進度、批改作業、開完會突然出現的臨時交辦事務，到必須完成的家事，如洗衣、折衣、晾衣、煮食、清潔等，如果你是為人父母，還要再加上家中幼兒吵著要你陪伴……不斷增生的待辦事項，不斷出現的意外插曲，你的清單似乎永遠沒有被清空的那一天。

「什麼時候才可以爬到自己心裡真正的目標？」你問。

這是困擾著多數工作者的難題，但卻不是一個無解的難題。關鍵在於：時間管理，其實是一個選擇性放棄的過程。於是，如果和我的目標無關的，我就放棄；如果和我的目標相符、兩分鐘之內可以完成的，我就馬上完成，不要浪費大腦記憶體和手帳待辦事項空間。其他需要花時間完成的事項，則寫在我的待辦事項中，大概思考所需時間、排定時刻，然後逐一完成。

例如：要繳交一份教學成果，我大概需要二十分鐘安靜思考的時間，那麼就排定在孩子去上科任課的空堂時。如果沒有二十分鐘，就將時間切割成三個段落：三分鐘找今年照片和資料、兩分鐘找去年資料參考、十五分鐘完成今年資料。透過分割工作事項，幫助我們在上班時間就完成這項工作，準時下班，把自己的生活拿回來。

至於其他想要完成的事項，例如：閱讀臉友推薦的書籍、上自己想上的課程、打算要讓孩子學習的才藝、構思晚餐的食材和菜單、了解某個學生的學習狀況、回應家長問題、回覆出版社邀稿等等，我通常會一股腦兒全都寫在手帳空白頁裡。

等忙碌的一天結束時，我會檢視手帳上五花八門、琳瑯滿目的事項。首先，勇於刪去某些和我個人重要目標沒有關係的部分；接著進入整理階段，依照處理每件事情所需的時間，排到我有空檔的時間軸上，排不進去的需要再做一次取捨；最後，按照時間軸上的規劃逐一執行，並在旁邊寫下重要回顧，以利下次同樣事情的進行。照這樣做，我們就能輕鬆又有效率的面對日常工作和生活瑣事。

一早先吃了那隻青蛙

如果你的目標非常重要，無論如何都想要達成，那麼，你願意用什麼來換？願意用多少時間來換？

身為工作繁忙、育有三兒的職業婦女，再加上三餐料理等生活瑣事，如何能有時間去追求我的「詩與遠方」？

馬克・吐溫（Mark Twain）曾說：「要是你把活吞一隻青蛙，當成早上第一件事的話，當天就沒有更糟糕的事情會發生在你身上了。」

於是，我選擇當個「晨型人」，每天早上四、五點起床。清晨不僅是我精力最充沛的時刻，也沒有孩子及瑣事的干擾，我會讓手指盡情的在鍵盤上奔跑，將思緒完整的轉化為文字輸出。為了珍惜早上的時光，我會在前一天先做好計畫，寫下隔天早上必須要做的事情。聚焦完成，一起床就可以馬上進入備戰狀態。

自從一早就「先吃了那隻青蛙」，我的生活有了很大的變化。

當今天的首要目標任務已然達成，心中的焦慮與自責全都不復存在，剩下的，只有悠哉與放鬆，就可以好好享受美好的一天。更重要的是，當心中騰出了空間，在教學時才能容下欣賞孩子的眼光，更能看見每個孩子身上的美好。

當擁有自己的系統和時間表，就能幫助自己成為一個具有成長性思維和恆毅力的人，在現實中找到理想和事實並行的方式，不慌不忙、安心當下，每天都往前再進步一點。

長期緊繃，小心彈性疲乏

當然，人非機器人，無法長期保持高效運轉。生活中，也偶爾會經歷高低起伏，有時晴天，有時下雨。因此，我們可以盡全力，也偶爾可以糜爛一下子。無論如何請記得，有風有雨才是精采的旅程。

還記得前面我們提過「不要幫自己貼上各式標籤」嗎？當結果不如預期，或者突然意識到自己正偷懶拖延、焦慮、分心、執行力不佳時，千萬別被「心態魔王」給擊倒，務必要提醒自己：這是在追尋北極星長途旅程中的必經之路。這時，不妨靜下心來，好好覺知現況，和自己展開對話，問自己：

「我真的想達成這個目標嗎？」

「我相信自己能達成這個目標嗎？」

「還有哪些方法能達成目標？」

看見問題、轉化問題，才能找尋解決方法。像是每年四月，我的身體時常不太能適應天氣的轉變，終日渾渾噩噩。了解自己的狀況後，幾年下來我通常會養成一個習慣，那就是三、四月時，不為自己排定太多工作，好好調養身體，也會找些書籍和影片為自己充電。

在這段「進廠維修月」的期間中，我也會暫時停下朝目標推進的腳步，不給自己太多壓力。如果有其他額外的工作，我會盡量提前或是延後，不需太過勉強自己，只需要輕輕的對自己說：「你辛苦了，這段日子讓自己好好生活、好好呼吸就好。」

就這樣，先放鬆，再努力。往往因為如此，所以每年五、六月，是我工作效能最高的時段，不僅可以承擔起六月學期末的瘋狂轟炸，往往還能生產出許多創意點子。

有時候，我還會搭配一些好用的工具，用來當作記錄長時間變化的利器，每天按時打卡，問自己：今天運動了嗎？量體重了嗎？喝水量足夠嗎？陪孩子閱讀了嗎？當一項項重點已然變成習慣，就可以刪去、更換成新的習慣。每天每天，你怎麼過今天，就怎樣過今生。這個部分會在第三部再做詳述。

如此一來，北極星、地圖和路標都已成形。剩下的，就是培養執行力和持續不間斷的習慣了。

9 不管什麼事，立刻著手

培養執行力與習慣

同樣是工作者，為什麼有人經常加班，下班後拖著疲憊的身軀，帶著一疊資料回家繼續趕工；有人卻能準時打卡，迎接下班後的精采人生，從事自己喜愛的運動與嗜好？

我認為關鍵就在於「執行力」，也就是：排定的事項，立刻著手！

執行力就是迅速處理重要的事項。首重當然就是北極星，當你的目標對你來說意義非凡、熱情無限，迫不及待想起床著手，你連睡覺都會捨不得，當然就不需要談及執行力，也能不斷往前推進。

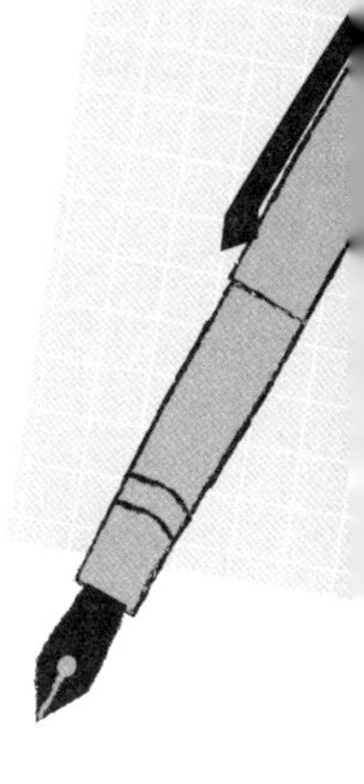

提升執行力的四大策略

• 學習「選擇性放棄」

探究執行力不彰，和我們在前一章節講到的「選擇性放棄」很有關係。如果什麼都想做，什麼都想拿，待辦清單長達三、四十項，每一項都是巨大任務，那麼還沒做之前，心就累了，何來執行力？因此，在找到北極星、繪製地圖、放路標後，選擇性放棄、加上兩分鐘原則，讓每天的待辦清單是可行的、聚焦的，執行力才有發揮的空間。

舉例來說，以前接到演講邀約都來者不拒，全數答應。但這五年來，我漸漸以「健康第一、家人第二」，答應的場次少了，卻可以更專精準備一場客製化分享，並從回饋中再做改進。也因為把時間留給自己的健康和家人，讓我的生活滿意度及幸福度都提升了不少。

在教學上，以前我總是什麼都想做，一節課裡塞了很多個教學目標，有時候不僅無法達成，還造就自己的焦慮和學生的挫敗。現在即便準備好，臨時孩子卡關時，也能和孩子一起在卡關的地方好好思考、學習。少，但是更好！

而當經過仔細及有意識的篩選過後，我們就會發現，真正要執行的事項變少了。這時，就不會因為要做的事情超量而感到壓力山大，也因為找到對自己更具價值和意義的事項，無形中也增加了實踐的動機。

• 明確區分大小事

對於一些小事，像是繳交簡單的報表、統計簡單的數據，類似這種幾分鐘以內馬上就可以完成或確定的事項，我通常會馬上完成。這就是「兩分鐘原則」，由大衛・艾倫（David Allen）在《搞定！》（*Getting Things Done*）一書中所提出，意思是：只要能在兩分鐘之內完成的事務，就應該馬上進行。

以教師來說，像是行政會議上才剛發布下來的事情，我會先想好下一個步驟，然後拆解這件事情的因素。因此常開完會，連行政人員都還沒有回到辦公室，我就已經繳交成果文件了。如果是兩分鐘之內可以完成的事項，我就會當下完成，省下記錄和重新回來審視的資源消耗，減少事情未完成的焦慮。也因此，在手帳記錄下的事項，都必須是仔細篩選而來，通常是需要花費長時間、執行上比較複雜的重要待辦事項。

舉例來說，期末往往是一般教師最為忙碌的時候，待完成的工作任務包括：考卷出題、複習計畫、期末考試、試卷訂正、計算各項成績、製作成績單與評語、下學年課程計畫、填寫學籍輔導紀錄冊、假期作業、整理學習扶助資料、作業抽查、行政表單、計畫繳交成果、期末回顧、期末活動規劃、整理學期學生作品等。

面對這麼多工作事項，如果我們自己都漫無目的，連要做什麼都不知道，就會處在一直被人提醒、催交等龐大焦慮當中。如果可以先在心理描繪出大概的圖像，知道有這些工作事項，就可以針對截止時間排定好優先順序。

• 確認截止時程

在職場上，我們從小地方就能看出一個人是否為專業的「時間管理者」。舉例來說，我時常收到各大出版社編輯寄送書籍給我，希望邀請推薦或撰寫推薦序文。有的編輯會先來信詢問意願，等我回信之後，再詢問是否要寄送書籍電子檔或是紙本書稿，最後再來信告知一篇推薦文的字數限制。

然而，這樣一來一回的通信經常耗費許多時間，但卻沒有告知最重要的截稿時間，最後還得花時間確認掛名頭銜、回傳帳戶資料等，累積起來的郵件往返時間，已經快要和撰寫一篇文章的時間差不多了。

相反的，一個俐落又專業的編輯，會在一封邀約信件裡明確傳達想要詢問的所有事項與需求，這種尊重別人時間的專業態度，勢必會讓收件者萌生好感。對於一個珍重時間和注意力的人來說，「截止時間」實在是一個極為重要的因素。

• 盤點時間的分配與比重

除了明確知道各項工作的截止時間，另外還有三項經常被人忽略的重要時間因素，分別是：「執行每項工作需要多少時間」、「每天可以有多少時間」、「時間分配的比重」。

就像理財之前，要先知道自己的財務狀況，站在這個基礎之上，才能有正確的選擇與安排，時間管理也是同樣的道理。

以上面提到的教師期末工作清單來說，我們先就截止時間做思考，排定出各種事項的優先順序。例如：先擬定複習計畫，然後考卷命題，接著期末考試、考試訂正，作業抽查、各項成績、製作成績單，撰寫學生評語、給定假期作業、下學年課程計畫。最後期末回顧、期末活動規劃。

但是，上述各項任務之間並非各自獨立，像是擬定複習計畫時，就可以順帶知道學生哪些概念依舊不熟，並針對這些概念做加強複習。同時，也能幫助教師在命題考卷時做取捨。因此，如果先做A事項可以同時協助B事項的執行，那麼就可以一併做考量，以有效達到時間管理的目標。

再舉一個實際的例子。

許多教師每次出一份考題，動輒要花費三、四個晚上，總共要七、八個小時以上才能完成，還得要在安靜無聲的環境、夜深人靜時才有靈感。

我則會先設定考卷難易度，在帶領學生複習時，重新檢視單元難度，設定考卷大題形式。然後在校戴上耳機，以一天有兩節空堂、完整的八十分鐘，就一氣呵成完成一科試卷。如果找不到完整的時間，就設定小目標，我會給自己十分鐘完成試卷的第一大題，再用另外二十分鐘完成第二、三大題等，運用零碎的時間，積少成多，減少壓力。最後，再找時間仔細檢視整份試卷，就可以在校完成，不需帶回家加班。由此可知，增進執行力的另一個要素是「專業」。

總之，當面對一項需要費時完成的重要事項，當你可以很快的掌握每件工作事項的要領，甚至能夠清楚看到不同事項之間的脈絡和關係，就會減低事情的難度。一個專業的工作者往往會以更快、更有效率的方式拆解工作細項，降低原本看似艱難的工作難度和份量，是減少焦慮和降低心理門檻的好方法。

此外，每個人的生理時鐘都不同，對於時間的比重配置上也不一樣。了解自己什麼時候精力最充沛，什麼時候精神最低靡，將狀態好的長時段用來做需要思考的重要之事，剩餘的零碎時間用來做其他小事。最後，別忘了要為自己安插一些休息時刻，讓大腦適度放鬆。

讓心理素質更強大

我常覺得，執行力高的人，往往是心理素質強大的人。

如同第一部提到，從「知道」到「做到」，往往都卡在心理因素、心態未能晉級。像是一張考卷要出到完美，卻捨棄了休息時間及和家人相聚時間；一定要在什麼情況下，才能做什麼事的執著；把事情想像得太過艱辛，一步都踏不出去的焦慮與拖延……這些都已經在第一部談過，在此不再贅述。

而當媽媽之後，想要好整以暇、有一段完整時間去做自己覺得重要的事，已經變成一件奢求的事。正因如此，更需要找到方法，讓自己的心理安定下來，隨時都可以進入專注狀態。車子保養中，需要等待一段時間，那我來讀本書；今天重要的任務有兩項進度，我寫下來就是為了完成；有些延宕的事情，我還可以用什麼時候完成？有沒有其他可以完成的方法？今天有零碎時間，可以排定哪個小任務？洗碗時可以聽一小段課程；車程中，孩子都睡了，可以和老公深度對話……

歸根究柢，善於時間管理的人擁有的時間並非比別人多，他們只是比別人善於管理自己的心和注意力。

習慣自然成規律

舉凡世上重要的價值，都需要透過長期的浸潤與淬鍊，很少有一蹴可幾的事，無法在短期內就創造出深刻的價值。當人們只能在漫漫長路上點滴前進，往往無法堅持，容易就此放棄。此時，將執行力轉化為習慣，就是最快速且最根本的捷徑。

以我自己為例，不管是書寫習慣、運動習慣、喝水習慣、工作準時下班習慣、對話習慣，初期建立這些習慣的重點都在於「覺知」，後面開始一項習慣相依附著其他習慣，便會成為規律。

以書寫習慣為例。我平時習慣將事情記錄在臉書，撰寫書籍則是每日四、五點起床，醒腦之後開始書寫；運動習慣則是晚上七點一到，就出門跑個一小時，邊跑邊聆聽一集Podcast；喝水習慣則是要求自己在下班前，把水壺裡的水喝完；想要準時下班，就要提前規劃以增進工作效率，還有提升每堂課的教學成效等等。

將想要的價值，託付給習慣，就能得到時間帶來的複利。世上很多事都是建立在這個原則上。

最後，如果執行力下降，或是好不容易建立起的習慣中斷了，就要好好覺知自己，重新進行檢視。例如：先支付自己，讓自己有一段時間轉換心情，再重新開始實踐習慣。等到自己覺得休息夠了、心靈富足了，再回來長途跋涉。休息，才能走得更長遠。

在《一流的人如何保持顛峰》（*Peak Performance*）這本書中有個公式：「壓力」

加上「休息」等於「成長」。只有壓力，沒有休息，難免倦怠過勞，因此，除了有適當壓力以外，也要記得有效休息。

書中提到：正念冥想、聽音樂、洗澡、散步、洗碗、擁抱大自然、和親近的人聊聊天、好好睡覺、什麼都不做的休息日、休一個長假，都是幫助自己重新恢復彈性的方法，可以讓自己更加積極主動，擁有十足衝勁與執行力、重啟好習慣。

執行力並非單一選項，從系統來看，需要透過目標、執行的容易程度、心理因素配合、習慣推進，才能長長久久。所以，別再苛責自己沒有執行力，其實，你只是還沒有找到適合你的方法而已。

10 不要相信你的意志力

打破意志力迷思

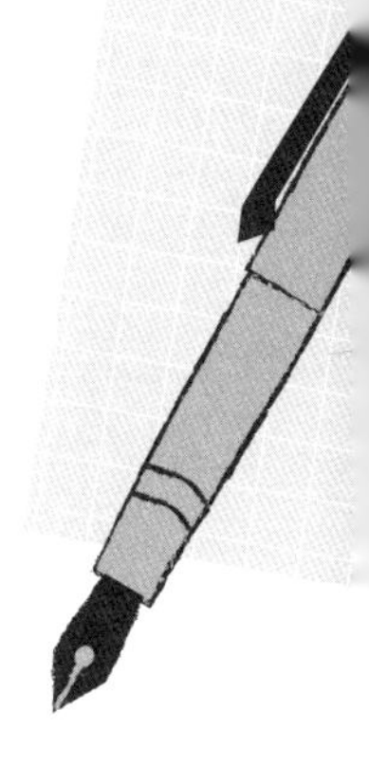

松下幸之助曾說：「登峰造極的成就源於自律。有規律的為一個目標主動採取行動，堅持一天、再堅持一天、又堅持一天，直到成為習慣。」

也常聽到：「要自律才能有自由！自律才能成功，有意志力者得天下！」

諸如此類的錦言佳句、心靈雞湯，大家應該都耳熟能詳。可是有時讀著讀著，不免會在心裡喃喃自語：

「可是我就是沒辦法自律。」

「我毫無意志力可言。」

「我總是三分鐘熱度。」

意志力也可能是阻礙

對我來說，上述這些思考方式有兩個弔詭之處：

第一，太早下判斷。剛開始執行目標時，就將這趟旅程預設成痛苦不堪的苦行僧行程，這樣的心態常會為自己帶來負面思考，因而產生不安與恐懼。有句話說：「認真是拚不過迷戀的」，真正能為這世界帶來超凡成就的人，通常憑藉的不全然是自律，也不會是靠強迫自己實踐目標而來，關鍵在於他對於目標的熱愛與狂熱，那甚至是一種迷戀，而正是因為那份迷戀，為他奠下深遠的目標，願意無時無刻花時間於探索與練習。

第二，太嚴厲的自我評價。長期按照計畫實踐，要求自己一絲不苟，還要提早完成，這是很多人對自己的完美要求。每當一有超出計畫外的突發狀況，或是今天想要偷懶一下，心裡就開始出現自我評價：「唉，我真是一個無法自律的人、我完全沒有意志力。」但這樣的要求是合理的嗎？

自責，是一種強大的負能量，當你把這樣的標籤貼在自己身上，要撕下來就不是件容易的事了。而且，當你帶著具有負能量的標籤進行下個計畫時，往往又是凶多吉少。反覆循環，就成了永無止境的惡性循環。才開始，就先放棄，最後終究無法達成目標。

我也常遇到有些孩子，會容易為自己貼上負面標籤，連嘗試的機會都不想要把握。這時，我會讓孩子給予自己「彈性」和「失敗的機會」。像是帶孩子進行複習計畫時，我會先請孩子用鉛筆寫下計畫。如果今天有突發狀況，沒關係，把原訂計畫用橡皮擦輕輕擦掉，把今天的進度改到其他天，只要完成了就好。我會和孩子建立起共識：對於每個計畫，允許自己有彈性調整的空間，失敗了再補救就好，不需自責、替自己貼上負面標籤。

我在撰寫另一本書時，也遇到沒辦法按照計畫執行的挫敗。例如：面對的是嶄新的書寫領域、陌生的圖文編輯，常常計畫好了寫作進度，卻總是沒辦法完成。這時，需要的不是評價自己，而是輕輕的告訴自己：「我只是需要再調整時間和進度而已。」

當遇到困難與挫折，只要看見問題、思考問題的處理方式，就夠了。記得，你是「遇見問題」的人，不是「有問題」的人。既然如此，那就來思考「怎麼解決問題」就好了。

四妙招，從「他律」到「自律」

跨越了意志力的迷思，既然我們知道人的意志力是有限的，就更要珍惜、善用有限的意志力。因此，在不需要用到意志力出馬的情況下，可以先讓其他辦法來幫忙。以下是我的四個建議：

• 與自己誠實對話

《原子習慣》（*Atomic Habits*）中提到：你的行為揭示了你有多麼想要某樣東西。如果你一直說某件事是優先事項，卻從未採取行動，那麼可能表示，你其實並不是真的那麼想要它。是時候與自己誠實對話了！

真實面對內心的自己，看見你的拖延、混亂、分心、執行力不佳、焦慮……思考這些狀況的背後原因，會不會你其實沒有那麼想要這個目標？或是，你還沒有想清楚內在真正的想望？

以我自己為例。「運動」是我常常寫在手帳上的待辦事項，但每當學校事務忙碌、遇到疫情來襲，我的運動習慣就會因而中斷。可是，每當我想著運動為自己帶來的好處，例如：我可以變瘦、穿更多好看的衣服，更重要的是，我想陪伴小孩久一點等。一旦想清楚，於是我又穿著跑鞋出門了。請記得，你的行動揭示了你內心真正的動力。

● 了解自己的興趣與熱情

其次，善用自己的興趣和所熱愛的事物。跟著自己的興趣走，才能事半功倍。舉例來說，我熱愛「閱讀」與「聽書」，那麼，就把「運動」和聽書綁在一起吧！於是為了要一次聽完一個小時的書籍介紹，我願意多跑幾公里，完全不需要用到意志力。

又如書寫這本書，因為目標是希望讓更多人看見長時間價值，主題是自己熱愛的時間管理，憑藉這份巨大的熱情，不需花費太多意志力，我每天都會迫不及待在凌晨五點醒來，手指開始不斷在鍵盤上奔跑。

• 設計內在與外在環境

再者，沒有意志力，那就用借的。

環境入人之深，設置良好的環境，可以減少意志力支出。例如：孩子對閱讀興趣缺缺、沒有建立起閱讀習慣，那麼不妨讓家裡處處有書，並經常更換書籍。當孩子走著、坐著，隨處都可以拿到書，就會自然而然形成閱讀習慣。

像我年輕時知道自己意志力薄弱，於是選擇到圖書館讀書，到達進度後才回家。利用不同的場域，讓自己專心的做一件事情，建立起儀式感，也可以增加執行力、形成習慣。

在學校，每當孩子上科任課時，我通常會戴上耳機，放上我喜歡的音樂，迅速進入心流。只要有電腦和耳機，我隨時可以進入自己專注的心流世界。

運動其實也不是靠強迫而來的習慣，只要身邊有瑜伽墊、跳繩、跑鞋，簡單幾分鐘就可以做幾個伸展或有氧動作。每當看到這些運動用具，就可以提醒自己。

另外，心裡的環境也很重要。有句話說：你是五個好朋友的平均，你和誰在一起，就會變成那樣的人。「近朱者赤、近墨者黑」，我的臉書朋友大多都有運動的習慣，有人練習鐵人三項，有人每天晨泳，還有人定期上健身房重訓。因此，每天滑手機，都是在加深自己對運動的信念，即便我停了一陣，常常看見他們努力的身影，馬上又有理由重新開始。

● 善用「他律」帶來的幫助

其實，「他律」不盡然是負面的，有時甚至也不失為一個好方法。

如前所述，我們不需要苛責自己不夠「自律」。沒有意志力是人之常情，大腦的設計總是希望節省能量的消耗，當然選擇不動腦、不動手，挑最簡單的事做。那麼，為了對抗人性，有時就依靠「他律」吧！

國外有許多公司就提供付費服務，要顧客先付一筆錢，達成目標之後才能把錢拿回來，就是一種利用「他律」增強意志力的方式。

日本東京也有家「趕稿人專屬咖啡廳」，顧客告知店家截稿時間或是今日寫作目標，如果未達成目標，就不能結帳離開。店內還會提供不同程度的督促服務，其中最嚴格的督促方案是：店員會安靜的站在客人身後，使客人有壓力，幫助顧客在督促下完成目標。

而在臉書公開承諾、每天打卡，或是找一群同伴進行減重比賽，這些運用「他律」給予自己適當壓力，也是一個對抗長時間下的懈怠，善用時間、達成目標的好方法。

據說法國文豪雨果（Victor Hugo）在撰寫《鐘樓怪人》（*Notre-Dame de Paris*）時，把所有衣服鎖在衣櫃，讓自己不能出門，最後終於趕上截稿日。而我自己寫書時，總喜歡將幾位編輯都加在同一個群組，每當產出文章，傳給編輯之後，編輯的一句：「好棒」、「太棒了」，甚至一個「讚」的符號或是「收到」二字，都可以增強自己繼續往寫下的動力，這也是一種靠「他律」和「即時回饋」的成就感，逐一完成任務的方法。

總之，了解自己，永遠把自己看成栽培的對象。沒有辦法自律，他律也可以帶來源源不絕的動力。總是有路可走，永遠有辦法找到想法和做法，不斷超越自己、達成目標！

三分鐘熱度也不錯

意志力其實是一種控制自己注意力和欲望的能力。以上四招可以先提供你一些參考，最後，再動用稀少又珍貴的意志力，謹慎的將意志力使用在人生最重要的挑戰上。如果發現自己已經毫無意志力，這時不是選擇放棄，只是代表你需要休息了。那麼，好好的照顧自己，讓身體和心靈休息夠了，再重新出發吧！

我們常會聽見有人說，自己的意志力只有「三分鐘熱度」，可即便是三分鐘熱度，很多個三分鐘累積起來，也是相當可觀的時間。

生活中發生的一切，皆來自心的牽引。當我們面對事物時，永遠可以選擇自己詮釋的角度和看待事情的方式。不管你身上貼著什麼標籤，你都可以自由決定標籤上寫著什麼文字，而且隨時都可以重新更改。

高效教師的時間管理檔案③

歐陽立中

曾榮獲新北市Super教師獎、親子天下教育創新一百、中廣演說家擂台賽冠軍等。著有：《人生有限，你要玩出無限》、《就怕平庸成為你人生的註解》等。曾任高中國文老師，目前是自由工作者。

養一個自己的場

歐陽立中老師擔任教職時，就出版多本著作，從桌遊課、教育散文、故事教學、勵志散文、個人品牌建立，每本書的方向都不相同。教職工作這麼忙碌，他是如何善用時間，累積多面向的斜槓專業？

歐陽老師說，他總是希望做一件事情可以有三倍的價值。像是玩桌遊，深入研究之後轉為教學，再變成書籍；故事和教育散文、勵志散文和個人品牌建立，則是平常認真生活的累積。

因為學校離住家有點距離，歐陽老師會利用每日通勤時間，在捷運上打字書寫，他規定自己到站時，門一打開，就必須寫完文章，用「給自己適度壓力」的方式，完成一篇篇文章。他認為讀者和粉絲閱讀後給予的意見，是相當重要的「即時回饋」，建立具有即時回饋的機制，會讓自己更加有動力。

我好奇的問他：「你都不曾有缺乏靈感、寫不出來的時候嗎？」歐陽老師說：「當然有啊！怎麼可能每次都有靈感？」重要的是，透過寫作可以逼自己認真生活、仔細思考、大量閱讀、蒐集靈感。因此，不管是臉書文章或是過去的筆記，他都勤勞的一一寫下放著，等待有時間時，打開筆記本，建立脈絡，往下發展，加上案例。也常會在手機的備忘錄記錄靈感，點點滴滴，匯聚成流。

強大的意志力來源

下班後已經氣力用盡，回程在捷運上還要專精發文，建立這項習慣長達多年，應該很需要意志力吧？

歐陽老師回應，其實每個人都是凡夫俗子，當初教學工作加上授課、直播、寫書、讀書會，家有兩個幼兒的他，每天都是靠神隊友太太的支持。然而，沒有做完的事情和壓力，常常都會轉成暴躁的情緒。尤其現在成為自由工作者，雖然換回了自己的時間，但每個月少了固定入賬的薪水，也是滿有壓力的。他也從中發現，自由工作者更需要自律、意志力和時間管理。

在習慣的培養上，歐陽老師會利用「簡單」、「環境」、「順便」（習慣堆疊）、「反饋」四項原則：

「簡單」就是先將任務切分成小段，例如：錄製Podcast節目看似困難，那就寫一小段訪綱，讓任務「簡單」可行，減少拖延。「環境」就是善用環境，書房就是歐陽老師專心工作的空間，手機等會干擾專心的物品就不帶進去，讓自己有個儀式感，可以更加專心。「順便」則是一上捷運就書寫文章，利用不同的習慣堆疊，帶出後面想要培養的習慣。最後，製造持續不斷的「反饋」，讓習慣持續下去。

找到意志力夥伴

成為自由工作者之後，生活中的變數更多，但要做的事卻一點也沒變少。早起、臉書發文、經營網站、錄製Podcast節目，還有運動。因為不用打卡、沒有人督促，很容易在家會懈怠、甚至放棄。後來，歐陽老師發現，可以將「意志力外包」。

像是網站的經營，他找到經營網站的合作者幫忙架設專業網站，還會規劃他的發文頻率；運動就找健身房教練，提供專業訓練，督促他定時運動；錄製Podcast節目，也是找到專業又合得來的團隊。只是，歐陽老師誠實的說，這些都是要花錢的。如果靠自己摸索既耗時，又可能因缺乏意志力而一拖再拖；一旦花了錢，自己就會捨不得，因而把事做好。兩者權衡之下，時間還是比金錢珍貴，使他毅然做出這樣的選擇。

從以往通勤時間長，到現在把更多、更珍貴的時間用來陪伴孩子。雖然自由工作者是項嶄新的挑戰，但看見歐陽老師「磨利鋸子」之後，可以跳脫限制，擁有更多選擇與機會。一切都是為了可以把最重要的時間，留給生命中最重要的人身上。以終為始，歐陽立中老師也是心底有北極星的人。

歐陽立中老師的智慧小語

其實，最花我們時間的不是行動，而是找理由不動。與其管理意志力，不如把意志力外包出去！

11 磨利鋸子，才能創造效能

#打造專業

成功學大師柯維在《與成功有約》中提到一個故事。

有一天，你在森林中看到一位伐木工人，為了砍一棵樹，他已經辛苦工作了五小時。你好心建議他先磨利鋸子，他卻回答：「我連鋸樹都來不及了，哪有時間磨利鋸子！」

這個故事告訴我們一個道理：雖然你看起來工作得很認真，但在沒有掌握工作重點之前，你其實只是「看起來」很努力而已。想要節省時間，又能達到工作效率，就要先磨利你手上那把鋸子。

不過，「磨利鋸子」說起來很簡單，做起來卻困難。尤其當你在磨利鋸子時，要能抵抗得了身邊的誘惑，例如：看到別人已經大有進展，自己卻還沒動工，這時更要能扛得住心理壓力，專心一致的把刀磨利。

經驗，造就自己的專業

回想起當初參加教師甄試時，每次在簡歷上寫到「專長」欄時，我就會發現大學時期的自己都忙著打工、讀書，在教學方面的經歷相當貧乏，導致根本沒有專長可寫，不像其他實習生擁有雙語證照和得獎經驗。因此在參加教師甄試時，心裡實在是忐忑不安。

正因如此，當考上正式教師之後，只要有機會「磨利鋸子」，我就會大聲說：「好！」就這樣，長期累積起的大大小小經驗，讓我日後即使同時身兼多職，卻能輕鬆自在、游刃有餘。

記得我第二次擔任教務組長時，當時不僅正值懷孕期，還兼任高年級導師，但每天依舊準時下班。當我累積出納組長和教務組長的行政經驗、擁有不同年級的教學資歷，再加上語文和數學教學的專長、培育演講及作文選手的亮眼成績等，自然能夠有系統的兼顧行政與教學。當長官將行政事務發放下來，當其他老師還在哀嚎之際，我已經做好、送出，連手帳都不需要拿出來記錄。

有人問：「你的評語怎麼寫得這麼快？」

我回答：「我寫文章一向很快速，因為我寫了二十年的部落格啊！從最早一篇文章寫三小時，到後來寫三十分鐘完成，刻意練習就會加快速度。」

有人問：「你出考卷怎麼可以這麼快速？」

我回答：「我之前常幫出版社寫一整學年二十八課考卷，相當熟悉各種題型和重點，所以可以很快出好一份考卷。」

有人問：「你的課程計畫怎麼一下子就交了？」

我回答：「我之前當教務組長時，曾統整過全校課程計畫，對於格式和規定都很清楚，所以可以加速完成。」

發現了嗎？你曾做過的事都會留下痕跡，肌肉神經都會產生身體記憶，因此，只要持續累積，就建立起自身專業，而專業又能夠增進工作效率，事情自然可以做得更好。

建立正向複利循環

要打造專業，「刻意練習」和「後設認知」是重點。

我常常看見許多老師參加很多研習，但有時明明是重複性的研習主題，他們依舊前來，我不禁好奇的問：「上次上完課之後，您回學校有實踐嗎？」

時間管理常常是管理自己，要磨利鋸子造就專業，不能「只是看起來很努力」。以我為例，早年我對作文教學一竅不通的時候，只要看見作文相關書籍就會購入，只要有作文研習我就會參加。當時我在嘉義大林鎮任教，要前往研習的地點往往要騎一個多小時的車，但每次我都風雨無阻。上完課之後，再騎一個小時的車回來。

研習回來之後，我的教師專業就提升了嗎？當然不會這麼簡單。

每次研習後，我會認真的把上課筆記整理在部落格上，並標注已經有做到的部分。至於尚未實踐的部分，就運用在我帶領的混齡作文社學生以及班級學生身上。經由一次次、一遍遍的實踐，然後再記錄、再修改、再實踐……

要提升教學專業，在岸上是學不好游泳的，務必要下水練習。也因此，我一有問題，就會聯繫當時的研習講師，徹底詢問解決之道，或是透過閱讀尋找適當的解方。

當然，過程很費時，但想要磨利鋸子，就要狠心扎根，後面才有複利可回收。

只要持續累積知識與經驗，漸漸就會成為自己的專業，大大減短下次遇事的思考與反應時間，同時降低錯誤率，而成效和歡笑則會不斷成長，這就是把時間花在正確的地方所帶來的回報。

對於教師的教學工作，專業會帶來更豐厚的回饋，那就是，孩子會因為你專業的教學而成長。每件事情都有蝴蝶效應，隨著孩子與家長建立起對你的信任與口碑，就會成為一個無限的複利循環，為教師省下親師溝通的時間，愈省下時間，愈可以拿省下的時間去耕耘。

也因為如此，我從教師甄試的個人履歷和自傳開始，到後來自己的教學檔案，都是一樣的道理。凡走過都留下痕跡，我除了上網看徵才網站的履歷，也會每年更新自己的履歷，舉凡得獎、培訓孩子的紀錄、經歷等，真實看見自己的教師專業成長軌跡。

讓每個步驟省時、有效、自動化

常常有老師問我，如果今年擔任自己不喜歡、沒興趣的行政職務，該怎麼辦？確實，接任一項全新的工作，一開始一定會有跨出舒適圈的不適感，龐雜的行政事務也真的很虐心。不過換個方向想，訓練自己開發不同的腦袋、做不同的思考，也是一種嶄新的學習。

過去我擔任教務組長時，就是在校長和主任的培育之下，看見許多學校孩子的學習狀況和相關統計數據，於是開始用長時間的角度，不只是看待班級，而是去思考整個學校的成長和提升，也會看見不同老師需要的協助，這些都是沒有擔任行政工作、只做教學工作的教師所看不見的面向。

也因為這些磨練與養分，等我回到教學工作時，更能以全貌和長時間去衡量教育的價值和抉擇，讓我的教學可以更接地氣，而不只是閉門造車。而擔任教務組長一職，因此必須和各班老師接觸後，讓我更加具體把握各年段孩子的狀況，才更能掌握持續性教學和活動設計。這些點點滴滴的養分，都讓我回到教學時，能以更宏大的眼光看待孩子的學習。

而我的教學專業從閱讀和寫作開始，之後轉換到不同領域，例如圖書館教育、數學教育、行動學習等等。在這個不斷累積各領域專業的過程中，其實大方向是一樣的，只是領域內容和教法上需要微調罷了！只要你曾成功攀登過一座山，就會為自己帶來時間複利，之後攀登其他座山會愈來愈省時間。

物品規劃與收納

特別一提的是，「物品」也是創造時間的利器。環顧周遭，從家中臥室、客廳、書桌，到工作場域的辦公桌、環境規劃，你是否擺放好精簡但必要的用品？想要找一枝紅筆、姓名章、便利貼、夾子、膠水等，是否都可以閉著眼睛就瞬間拿出來？

「工欲善其事，必先利其器」。我在《小學生年度學習行事曆》中，已詳盡說明教室裡的書籍對孩子影響至深，其他像是自學工作區、檔案置物櫃、教具區等，也都要分門別類做好規劃。如此一來，不僅能提高工作效率，省下許多時間，更可因應各種臨時出現的任務。

記得有一次，學校臨時希望各班繳出一份感謝卡片，對象是送給即將到訪的來賓，感謝他們贈送學校一些設備及書籍。這個任務來得很突然，早上宣布，下午就要完成。眼看時間緊迫，孩子們用筆速不快的速度，認真的輪流在卡片上寫下想說的話。這簡直就是項不可能的任務！

這時，我在文具櫃裡發現上課經常使用的小卡，便發給每個孩子一份，不一會兒工夫，大家就完成各自的小卡，還能留下更多時間設計大卡片，最後準時達陣。良好的物品規劃與收納，真是時間管理的好幫手！但要留意的是，過猶不及，東西一旦太多，就難以整理與維護，反而耗時耗力，這時就需要「斷捨離」的智慧了。

磨利了鋸子，建立起專業，加上各項物品都齊全的雙重助攻下，就會為你的工作效率帶來複利效應，讓你在多職工作中游刃有餘，還能不疾不徐、身心安穩的朝目標前進。

高效教師的時間管理檔案④

何憶婷

臺南市中山國中生物老師。曾榮獲二〇一二年及二〇一八年「教育部閱讀推手獎」，二〇一六年「親子天下閱讀典範教師」。

身教的力量

瀏覽憶婷老師的臉書，你一定會覺得她一天的時間應該有四十八小時。擔任體育班導師的她，早上就跑完五公里。但實際上，她是一名生物老師，也擔任理化老師，不僅如此，她最常被邀請到各校演講的講題，竟然是「閱讀理解」！到底，一群國文老師參加由生物老師舉辦的「閱讀策略研習」，原因是為何而來？實在讓人想一探究竟。

研習拚命三郎

原來，憶婷老師在某次學校導師會報時，知道教育部推動的閱讀政策，當時的她想配合政策，卻不知道怎麼推動閱讀，於是每天都在「全國教師進修網」搜尋相關講座和工作坊，不放過任何一個學習機會。

她本著「不會就去學」的心態，將各項閱讀研習實踐在現場。有一次，因為報名不到某場研習，她還特地寫信給演講者，表達積極的學習意願，最後獲得主辦單位的同意，即使每天得從臺南搭自強號到彰化研習一週，她卻不以為苦。

除了時常參加閱讀研習，憶婷老師還參加班級讀書會、少年小說研習，參加後勤寫筆記，還回學校和其他國文老師分享。有些老師常說她學習衝刺得太快，要她休息一下。可是憶婷老師覺得，要「會」就要「用」，於是她將研習時學到的國小國語課本閱讀理解，研究並轉化在國中生物課本上，更地毯式蒐集各家版本的生物、社會科課本，一本本扎實的釐清、分析、統整，希望找到能夠貼近學生需求的學習策略。也因此，憶婷老師常在校內外進行示範教學與分享，幫助師生利用簡單易上手的閱讀理解，踏出學習的第一步。

接任體育班老師，以身教陪伴學生

在憶婷老師的臉書上，時常會看見她不論晴雨都規律的運動，有一段時期，甚至每天都慢跑十公里。原來，這是她為了鼓舞某屆國三孩子，答應孩子努力唸書，老師就每天跑三公里陪伴他們，藉此激勵孩子。沒想到，孩子會考結束後，憶婷老師卻停不下來，因為她切實感受到跑步為身體帶來的變化，本來的臨界高血壓也漸漸回穩，讓她不斷堅持這項習慣。

憶婷老師說，人生往往很奇妙。當年深耕於閱讀理解，後來帶到一個需要補救教學的孩子超過一半的班級，之前學到的知識就派上用場；認真跑步、學習健康知識，現在帶領體育班，也具體運用知識在學生身上，幫助學生學習攝取正確的食物，維持良好的體態，這對田徑、排球和籃球選手來說十分重要。凡努力過絕不會白費，怎麼能想到之前所做的點滴努力，如今看來全都有相關？

帶體育班很辛苦，為什麼一屆都還沒帶完，憶婷老師就已經決定再帶一屆？她笑著說：「第一次帶體育班，難免有些地方不熟悉，現在我已經知道流程，可以選擇用最好的方式陪伴孩子，當然要再試試看啊！」由此可知，憶婷老師為了學生，透過身教不斷自我挑戰，成長性思維處處可見。

閃閃發光的北極星

將大部分時間都奉獻給學校的憶婷老師，自己育有二子，一位上大學，一位就讀國二。回想起從前那段不斷自我學習同時帶小孩的日子，兩者之間如何平衡？憶婷老師說，女兒剛就讀小學時，她會帶著孩子一起去研習，到處聽親子閱讀、作家有約，孩子也從中看見媽媽不斷學習的身影。女兒國中時，還是會跟著她參加教師研習，也當過工作人員；後來，甚至還回到媽媽班級中，當講師分享課程、帶領活動。

回首憶婷老師的訪談，會發現她並沒有做太多時間管理，但她心中的北極星，就是希望學生好、學校好。她凡事積極主動，執行力強大。而這樣不斷學習、一直前進的身影，也影響著自己的孩子和學生。就是這樣簡單的起心動念，不知不覺為自己累積起好多專業能力，也造就憶婷老師和孩子一段段充滿意義的時光。

憶婷老師的智慧小語

設定好目標，盡己所能的前往。
開始行動後，學習會接踵而至。
不求珍貴璀璨，但求心之所向。

12

拒絕孤軍奮戰，培養你的神隊友

#從他律到自律

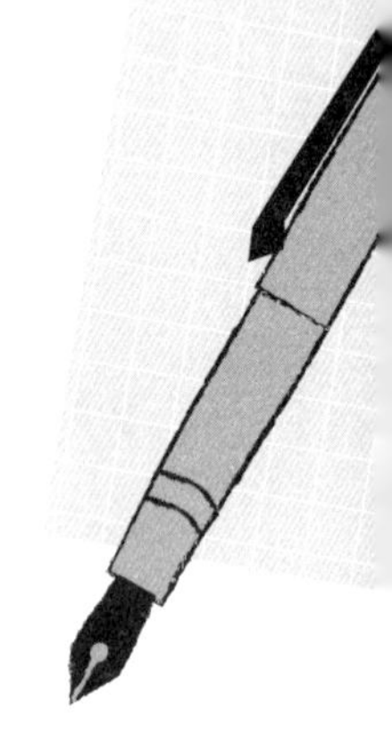

「你怎麼做到兼顧多種角色，你是有『影分身之術』嗎？」常有人這麼問我。我從書籍裡學到很重要的一點，就是太陽底下沒有新鮮事，要做事之前，永遠不要從零開始。

想了解任何一項知識或是主題，我們都可以找尋到相對應的書籍或是資料，這意味著前人已經開拓了路徑，我們何必從零開始？

學習時間管理也是同樣的道理。時間管理管理的不只是時間，還是資源管理、能量管理、人力管理，總的來說，其實是系統管理。為了讓我可以省下更多時間，面對不懂的待解決問題時，我會先進行系統性閱讀。透過大量體驗、實作、經驗、省思，就可以提升自己的專業，這就是前一節提到的「磨利鋸子」。

向職人神隊友學習

在提升專業上，我有許多不同領域的神隊友，舉凡：閱讀、資訊融入、班級經營、國語文教學、作文、讀報、數學、綜合領域等。每當有疑問，我馬上就知道要詢問哪個領域的專家。自己不用厲害，朋友厲害就好，背後有靠山，等於最厲害的老師在為你撐腰，提供各項指導，不論是自學路線、刻意練習的方法、專業推薦書籍、各項有用資源等等。神隊友，實在名副其實！

而行政組長群組、圖書教師群組、教學網友群組、情緒急救站好友群組、媽媽友群組、團購群組、露營群組，不管是生活資訊分享、好玩的營隊、教養新知等，各項資訊豐富又實用，有需要還可以進行情緒急救，有問題完全不用從零開始。

而其他像是同事、家人、朋友，可以幫我省下時間的，全都是我的神隊友。當神隊友愈來愈多、愈來愈神，也會大量提升我的整體生活品質。

舉例來說，之前談到兩次接任教務組長的機會，就是懂得學習前組長神隊友、加入地方性的教務組長群組，才能在行政工作教務組長忙碌工作中，又帶高年級畢業班，還準時下班。對了，當時自己還懷孕呢！

而日常工作中，同事就是最給力的神隊友。前一陣子，因為疫情全班隔離，回到學校後，發現我的比賽選手竟然按照進度，練習得滾瓜爛熟，最後拿下季軍，這就是同事神隊友幫忙照料的功勞。搬教室裡的大鐵櫃、大書櫃和眾多書籍，只要眨個眼，組長就帶著推車完工，神隊友花五分鐘，我要花十天功。

以利他為出發點

一般工作者難免情緒起伏，同事就是最好的情緒急救站，保密、傾聽，最後點醒當局者迷，僅僅只要十分鐘；露營踏出第一步難，裝備搭建茫茫然，好朋友帶著體驗，為你提供最佳解，好過自己在茫茫網海中浮沉，避免買錯、買貴。有神隊友，一次到位！

當然，有些人會稱這個叫「經營人脈」或是「人脈存摺」，如果用功利或是負面角度來看，只想「提取神隊友資源」，那就太可惜了。真實的結交和關係，總是建立在長期的信任上，自己先要真誠並樂於付出。

當同事需要作文分享的時候，主動說：「我來！」

當同事需要教學檔案的時候，主動說：「我來！」然後奉上整個檔案夾。

當大家需要教學成果、會議紀錄、教學觀摩，主動說：「我來！」

從「利他」為出發點，最後往往會令我們意外的發現，結果卻是導向「利我」。過程中，神隊友不僅為自己省下茫然摸索的生命時間，更多的是看不見的喜樂感動、情感交流。

面對新的體驗，面對限制、環境的各種阻礙，孤軍奮戰，往往會血流成河，成果也會受限。而時間管理，事實上也是周遭資源管理，有神隊友的專業和支持，他們的一分鐘，勝過自己十年功，還能在過程中，帶來無法衡量的情感支持和實質鼓勵，更成為深層的意義。

栽培你的親密神隊友

其次，面對身邊的神隊友，尤其是陪伴自己愈長久的，愈是要好好培育。

常有人問：「人到底可不可以改變？」我認為這個問題的答案有兩個：可能完全不變，也可能百分百轉變，重點是他自己有沒有想要改變。我在《從讀到寫》曾寫到，自己和家人價值觀不同，但不斷的溝通和對話，最後改變我們家的生活、消費習慣與應對姿態，這麼實踐下來也有十幾年了。

同樣的，對於老公，目前也相處、溝通快要十年。簡單的說，我的方法就是以身作則，讓對方覺得這樣做對自己有利，同時不斷正向聚焦，給予支持與回饋。夫妻之間什麼時候溝通最有用？我都是利用開車時，因為走不了也逃不掉。每天持之以恆，點點滴滴，滴水穿石，必有迴響。

有次，老公說要喝咖啡，我馬上去買了兩杯。他一看就大聲說：「我只要喝一點點，你幹嘛買兩杯？」這時，如果我感到受傷而生氣的回：「我對你這麼好，你兇什麼！」那最後結果就會急轉直下，一發不可收拾了。

我冷靜了一下，覺知當下的狀態，然後趁他開車時說：「老公，你應該說，謝謝你呀，老婆。知道我要喝咖啡，還特地淋雨幫我去買，你這麼關心我，我實在上輩子有燒好香，才能娶到你呀，啾啾啾。」

聽到這裡，坐在後座的小孩大笑了起來，連原本繃緊臉的老公也笑了，說：「好啦！謝謝啦。」

如果當下自己無法覺知，也沒關係，有時候吵個架未必是件壞事。好好的吵架也是一種溝通，但是要記得：

- 可以先離開現場，就先離開，讓彼此冷靜一下。
  ↓用正向眼光看待對方的出發點（所以平常就要讀懂他和他的原生家庭）。
- 如果覺得委屈，就先照顧自己。
  ↓運用文字或任何讓自己舒服的方式陳述事實，務必要用「我訊息」。
- 彼此進行溝通（要寫下來、記錄下來）。
  ↓才會讓下次在這個基礎上往前，明確知道下次該怎麼做。
- 最後，在孩子面前和解。

先了解自己、照顧自己的感受、在心裡好好對自己說話、支持自己，先騰出一個空間，在心裡不帶批判的對自己說話，同理和關愛自己。當自己有能量了，才能讓能量流動，不會每次都陷入讓自己受傷的情況。然後，透過一次次溝通中，讓自己和隊友彼此了解，就會往前進一步。

學生和孩子也是最佳神隊友

除了同事和伴侶，別忘了，學生和孩子也是你的神隊友。他們雖然年紀還小，可隨著時間流逝，會逐漸成長成熟、自主自律。伴隨著成長，慢慢的形成習慣，能做的事情愈來愈多，即使不用督促，孩子依舊可以自動導航，因此帶到最後，家長會愈來愈輕鬆。

以我家為例，家中諸多家事如收衣、折衣等，都是由三寶負責。晚餐備料時刻，也經常可以在廚房看見他們幫忙的身影。當然，起初孩子們經常會弄得一團糟，事後需要花很多時間收拾殘局。但只有大人賦權，給予孩子一次又一次的指導和機會，讓孩子自立。長期來看，把時間花在讓孩子成長獨立，或是用在快速做完家事，時間該放在哪，答案不是非常明顯嗎？

其實，在我們的身邊，每個人都可能成為自己的神隊友。不管對方年紀大小，只要好好相處、好好溝通，彼此往正向方向前進，就能幫助自己避免掉入時間黑洞與情緒黑洞。而在緊急時刻，往往助你一臂之力的人，正是讓你驚呼、驚嘆的神隊友！

13

＃賞識自己

從空氣中抓取工作成就感

有次，我在一場線上演講中分享時間管理之道。當講到「成就感」時，下面留言區馬上有一位聽眾回應：「面對長官的苛求與刁難，怎麼可能會有成就感？」我看到這則留言時，心中浮現的第一個想法就是：「好可惜呀！」

我任教過不少學校，也接觸過不少長官，偶爾也會遇到咄咄逼人的長官，有的不講道理，有的帶有成見，與這樣的人共事，真讓人痛苦萬分。但說真的，即便彼此有著截然不同的個性及價值觀，多數長官仍是善解人意、善於傾聽、循循善誘的。

靜下心來想想，我們為什麼要一直活在別人的眼光裡？如果要把所有工作成就感的來源都放在別人身上，豈不是太可惜了？

跳脫固定的思維方式

以社會新鮮人來說，自然會有許多事物要去適應與熟悉。記得我進入學校任教的第一年，就被任命擔任教務組長兼一年級老師，對於新環境都還不熟悉，又要兼顧行政與教學兩大責任，讓我時常感覺快要崩潰。

然而，我沒有時間抱怨，只想著把它當成「闖關遊戲」來看待，能過幾關就過幾關。今天練習的是一年級新生的班級經營，明天來練習和其他學校同事的溝通工作，當我把全副精神放在「怎麼把事情做得更好」上，不僅沒有心力抱怨，心中反而充滿了期待：「這次，我到底能不能挑戰成功？」同時，我也將工作劃分成小等份，每通過一個環節，就在心底為自己喝采。

姑且不論長官的批評和指教，至少在我自己心裡清楚知道，自己又往前了一步。如果上級覺得我做得好，那就是錦上添花，又增加了一點成就感；如果上級有批評指教，那也很好，看看自己還有什麼地方可以做得更好，那就能再破一關了！

當然，有時難免會覺得長官對自己過於苛求，或是刻意雞蛋裡挑骨頭，因而感到忿忿不平，就像下面這則故事裡的工作者一樣：

有個年輕人總覺得老闆對自己過於苛刻，認為自己簡直是懷才不遇、有志難伸，因而每天想著：「總有一天，我要拍桌子辭職走人。」

這時，朋友善意的建議他：「你對公司的貿易大小事都學到了嗎？來往叫貨的廠商都清楚了嗎？你當然隨時都可以拍桌子辭職走人，可是換個角度想，把公司當作免費學習的地方，把各式文書和組織內容全部搞懂，就連修理影印機這點小事都學會。等到你把該學的全都學了再離職，不是更好嗎？」

你應該也猜到故事的結局了。後來，這個年輕人不僅成為公司的重要支柱，老闆也對他重用有加。

鍛鍊雙翼、累積實力

每當我與長官意見不合時，我就會想起故事裡的年輕人，轉換自己的思考方式，將注意力放在自我的成長和學習上，從中找到工作成就感。如此一來，即使我依舊無力改變情況，也能鍛鍊出強而有力的雙翼，有朝一日能夠展翅翱翔，飛離這個有毒的環境。

就像是有幾次，我擔任和教學完全無關的出納組長，需要負責每個月計算薪水、開立發票、年末製作扣繳稅單等工作。雖然這些工作內容完全不是我的興趣，但在組織裡，許多工作都需要大家的承擔與配合。

因此，我費心研究出納工作的時程、工作要務，把這些細節都做成清單和標準作業流程，讓自己能以最快的速度、最有效率的方式，完成每月既定事項，這樣一來，我就可以多出更多時間去推動閱讀工作了。

出納工作需要謹慎細心，在計算數字上，一塊錢都不能多也不能少，偏偏自己的個性急躁又粗心。因此，每次送報表給會計主任時，我總會在心裡默默和自己定下挑戰：希望可以一個錯誤都沒有，讓會計主任完全沒有機會可以退回，全數過關。

就這樣，從剛開始的報表要修改到十幾版，到後來一次通過不說，我還可以馬上抓到會計主任錯誤的地方，或是合作的農會入錯帳戶。無形中，訓練自己的敏銳度和細心度。由此看來，藉由原本不擅長的工作，不僅能培育自己成長，還有人願意支付薪水，不也是一件好事嗎？

如果自己已經很努力了，還是常常被人貶低、責罵，那麼就視狀況適時停損、遠走高飛吧！好戰士何患無戰場？

為自己帶來成就感

在教學工作上，我最常看見老師們遇到的困難，不是沒有目標，不是沒有時間，而是：「我努力了這麼久、付出了那麼多，孩子卻一點進步和改變都沒有。我的心已經累了……」

平日忙碌於教學工作已經夠辛苦了，如果還要加上繁雜的行政事務，面對著一長串的工作清單，難免有時會嘶吼咆哮：「這樣一點意義都沒有，我的人生都要在裡面虛耗！」這樣的心累與倦怠，導致許多老師最後連想要改變的動力與欲望都消耗殆盡。

這時，培養「從空氣中抓取成就感」的能力，就顯得更為重要。

聽過這個故事嗎？

有個哲學家來到建築工地，分別問起三個正在工作的工人：「你在做什麼？」

第一個工人頭也不抬，沒好氣的說：「我在砌磚，你沒看見嗎？」

第二個工人抬了抬頭說：「我在砌一道牆。」

第三個工人熱情洋溢、充滿期待的說：「我在催生一座無比宏偉的教堂。」

是的！抬頭仰望屬於你的北極星吧。靜下心來，想一想自己的初衷。然後，你會發現，我們每天所做的，不是「上班」，而是「改變一個孩子人生的走向」；我們每天站在講臺上所扮演的，不是「教學工作者」，而是「命運規劃師」。相較前後兩者，雖然只是小小的轉念，但所象徵的意義及帶來的影響卻完全不同。

再者，孩子是真的沒有改變，還是你看不到他的改變？人的狀況原本就起起伏伏，隨著時間軸呈現上上下下波動。但如果仔細回顧一下孩子的作業，你會看見從之前一週都不交作業，到現在一週會交一次；從之前上課總是趴在桌上，到現在偶爾會抬頭參與；從之前髒話不離口，到現在不小心講髒話會左顧右盼，一副擔心被人發現的模樣……

我們都知道滴水穿石的道理，卻忘記每一滴水的力量，因為那是這樣的毫不起眼，容易被人忽略。但如果目標在遠方，那就要打開心與眼，從空氣中呼吸自己給的成就感，不斷栽培自己，鼓舞自己前進。

如果方向、方法正確，成就感便是自己給自己的，在空氣中抓取成就感成為意義，相信就能看見，拉長時間軸，滴水涓涓，終成汪洋！

14 當生命大浪來襲時

全然接納

我對「時間」這個概念一向很有興趣，所以特別熱愛與時間相關的電影和書籍。像是電影《今天暫時停止》（*Groundhog Day*）中，主角陷入同樣一天不斷重來的輪迴中，最終幫助他跳脫的關鍵因素，是改變自己看待事件的方法。另一部電影《真愛每一天》（*About Time*），主角雖然可以穿越時空回到從前任何時刻，但最後他卻意識到，如果可以好好面對當下的每一天，就是這一生最棒的時間之旅。

其實，從觀看電影之中，我們彷彿也進行了一趟時光旅行，讓自己有機會跳進別人的人生中，扮演兩個小時的「他」。只是，許多勵志電影中經常為了劇情需要，以呈現前後的對比，總會將前面的情節設定為悲慘至極。撇開這樣的設定不談，我總是會把焦點放在主角身上，去思考：「為什麼他要這樣選擇？」

舉例來說，電影《當幸福來敲門》（*The Pursuit of Happyness*）中的爸爸，為了爭取一個面試機會，卻把重要的醫療儀器交給一個陌生的路人保管，害得自己不僅失去半個月的生活費，還落得一身狼狽。

「為什麼要這樣選擇呢？」我狐疑的想。

我的意思是，人生難免會有意外，但除了那些無法掌控的意外，有些風險是我們可以選擇避開的。就像是片中的主角爸爸，其實可以帶著儀器去面試，這樣都比把儀器隨便託給一個路人照看來得好。

給自己多一個彈性的選擇

在現實生活中，「風險管理」顯得格外重要。舉凡電腦檔案的備份、保險的準備、生活緊急預備金的後路等等，都是當意外發生時救命的浮木。

我自己就有切身之痛。回想當初家中經濟發生變故，原因就在於買房買在高點，導致當經濟出現困難時，無法如期繳納房貸，無奈之下，房子慘遭法拍。第二次買房，遇到九二一大地震，房貸又繳不出來，房子又被法拍。仔細思考這些意外的背後，其實象徵著家庭少了一把保護傘，導致沒有多餘的路可選，只能讓自己一步步置身於險境之中。

正因為這樣的生命經驗，之後當我肩負起家裡經濟重擔時，便毅然幫自己保險保足，確保未來萬一發生任何意外，導致無法外出工作時，仍有足夠的經濟來源可以保障家庭生活。不管如何，B計畫是一定要的。

在時間控管上也是如此。就像辦理活動必有雨天備案，在做任何計畫時，務必想一想：「萬一……的話，那該怎麼辦？」我平時帶著孩子規劃讀書計畫時，也會請他們使用「鉛筆」書寫，就是運用同樣的原則。如果今天臨時有突發狀況，因而無法順利完成預定計畫，沒關係，將今天的進度移到其他天就好。這樣也能確保孩子不會因為抱持著完美主義，只因一次的失敗就推翻整個計畫。

同樣的原則也可以應用在自己的生活中。到了出門運動的時間，剛好孩子有狀況，沒關係，今天不出門跑步，在房間做健身操也可以。擔心今天沒有時間出門運動，下課時多走幾趟樓梯，也是一個好方法。需要寫稿子的時候，孩子突然跟著早起，沒關係，利用通勤時間來思考一下寫作大綱……

總之，在面對任何一個變化時，只要保持彈性、調整因應，也許無法按表操課，但只要持續有進步，持續有執行，就是成功。

選擇接納，盡力而為

凡事做最壞的打算，也能幫助我們度過危機，躲過危險，創造機會。當生命中遭逢意外大浪來襲時，難免一時之間無法接受，那麼，就陪著自己走過驚訝和失落吧！

我結婚滿五年的時候，先生被誤診肺癌，當下的我感到萬分震驚與難過。我選擇接納生命的挑戰，不再去追問：「為什麼是我？」而是思考：「那我可以做些什麼？」然後，開始冷靜的計算財務、保險、各項醫療資源、可以幫上忙的人脈，思考家人未完成的願望、其他親人的心理衝擊和照顧，以及空出的角色如何補位等。最後，還好醫生證實只是誤診，但經歷過這次生離死別經驗的我，已然仔細盤點過所有資源、看見生命中真正重要的事項，度過了這個浪頭。

雖然意外總是突如其來的打翻所有努力，但我們永遠可以選擇面對的態度，臣服接納、仔細打算、做出最適當的因應行動。當你能夠輕鬆看待，勇敢迎向前去，凡事都是最好的安排。

15

殺不死我的，必定使我更強大

培養受挫復原力

人生必然面對各種挫折與突發狀況，想要永遠過著一帆風順、萬事如意的生活，原本就是一種虛幻的期待，往往期待愈高，失望就愈深。尤其是當深陷於失望、挫敗等情緒而墜入谷底時，還得妥善處理情緒，根本沒辦法真正跨步向前。

「抱怨」，往往是因為被自己視為理所當然的事沒有被滿足。「失望」，是和自己預期有出入。「委屈」，則是得不到想要的回應。人生處處求不得苦，但「所求」是應然嗎？

如果我們預先調整自己的思考方式，將人生中的「失敗」視為理所當然，把「逆境」、「低潮」、「挫折」看作家常便飯。當我們先學著接受挫折，才能以稀鬆平常的

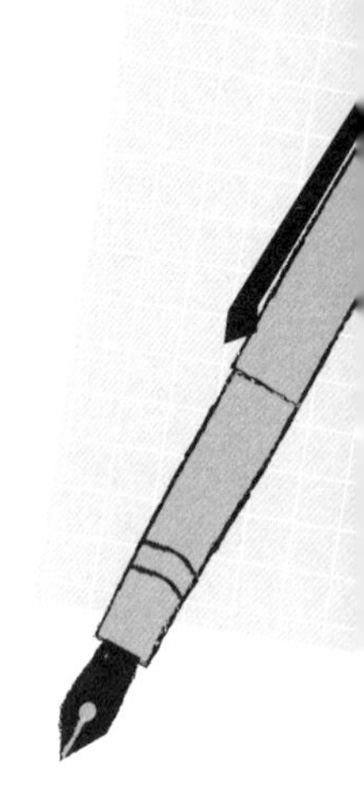

心態回應挫折，踏出成功的第一步。

練習思維移轉

寧靜禱文：「請賜我寧靜的心，去接受我無法改變的事；賜我勇氣，去改變我能改變的事；賜我智慧，以分辨兩者的不同。」分辨事情為可控或不可控的範圍，純然的接受與放下，將能為自己捨棄許多不必要的煩惱。

當你嘗試「思維移轉」，用另一個角度去理解事情，你會發現：All is well，事情本身是中性的，端看我們如何解釋和應對。

歷經納粹集中營的心理學家維克多・弗蘭克（Viktor E. Frankl）在著作《活出意義來》（*Men's search for meaning*）中提到：「你可以從一個人身上奪走所有東西，但有一樣東西你永遠無法奪走，就是這個人如何選擇、如何回應發生的事情。」也就是說，我們永遠都有選擇應對事件的自由。

我在《從讀到寫：林怡辰的閱讀教育》中，曾提及自己被家長投訴的經驗。當時還是新手教師的我，為了增進孩子的閱讀能力，卻沒做好親師溝通而遭家長抗議，常常被請到校長室喝咖啡，還得到家長家一一進行說明。當時的我內心非常痛苦，曾哭著從稻田小徑騎機車回家，一邊大叫，一邊大哭，任由眼淚沿著眼角肆意紛飛。

第二次被家長投訴，除了感到難過、傷心之餘，更多的則是驚訝。因為我以為已經和家長建立共識，一同幫助孩子勇敢正視自己不敢面對的錯誤。所以當知道被家長投訴時，萬分錯愕、一時之間無法接受，心裡有如刀割一般，覺得自己真是用真心換絕情哪！

等到第三次又被投訴時，我開始思考，全班這麼多學生，怎麼可能每個家長都能了解並願意支持老師的價值觀？「無條件支持老師」這個命題的出發點原本就是錯誤的。這麼一想，淡淡的難過，也就放下了。

哲學家尼采（Friedrich Nietzsche）曾說：「凡殺不死我的，必定使我更強大。」第一次被投訴，我從失敗中看見自己的不足，因為沒有做好親師溝通，導致誤會頻生。第二次被投訴，我感到驚訝多過於傷心，卻也開始認真的反省自己下次哪裡可以注意。第三次被投訴，我開始把「投訴」看成是親師間觀念不同、需要溝通的訊號，那就盡力做好親師溝通，不去貶低自己、抹煞之前所做的所有努力。

避免墜入情緒谷底

失敗無所不在，受挫跟吃飯一樣平常，但怎麼樣讓自己恢復彈性，從「失敗」到「師敗」，接受失敗並站起來，從失敗中學習。從受挫到恢復，時間管理不只是精力管理，也是情緒管理。

年輕的時候時間比較多，我常常會坐火車晃到花蓮，身上帶著一本書或什麼都不帶，反正在火車上，哪兒都不能去，看著窗外景物從高樓大廈到山海一線，就這麼晃著晃著，好好和自己對話、沉澱、覺知。

到了花蓮，拜訪好友，心裡盛滿大山大海風景，看著七星潭的海浪，將自己化成一片無際的藍天，滿足之後，再一路坐著莒光號火車晃著晃著回家。在這段搖搖晃晃的過程中，慢慢給自己時間，看見自己的傷痕，心疼自己，然後把自己愛回來。

受挫的當下，不易看清自己所處的環境，但沉靜下來，就能看見自己受傷的心，與自己對話。覺知之後，看見情緒、想法。接受後，更看見自己依舊保持初心，願意奮不顧身的再次投入。那麼，受一點小傷又如何？

身體受了傷，需要時間復原與修復。心裡受了傷，也是同樣的道理。溫柔的給自己一段復原的時間，不要過於催促自己，就只是靜靜的等待。

如果是小小的低落，例如：不想做事時，計畫生變時、低潮和無力感來襲時、努力了還是不滿意時、意志力不足時、想放棄時……這時，我會準備好自己的大哭歌單或打氣歌單、休息清單、重新啟動清單，或是隨手拿一本書閱讀，讀完寫下紀錄。或是去美容院洗個頭、按摩、安排小旅行放空、看看《烏龍派出所》、跑個幾公里、騎單車出去晃個一兩個小時……都是鼓舞自己的好方法。

擺脫不切實際的期望

直到後來，我才慢慢發現，復原力其實和「自我價值感」和「自我效能感」息息相關。也就是說，一個人面對挫折時的復原力，和他看重自己的程度，以及是否相信自己具備完成挑戰、解決事情的能力有關。

我從小在父母的關愛下成長，獲得足夠的安全感與信任感，即使後來在人生旅途中面對大量債款的壓力，遭遇過一次重大的挫折後，選擇面對和承擔，我面對受挫的復原力和韌性就被打開了。

我也曾經有許多抱怨，也曾經期望擁有完美的父母。後來，我才發現這種期待是不正確的，我可以站在更高的維度去理解父母，他們其實已經盡己所能去付出、努力做到最好了。真正造成我痛苦的並非我的父母，而是所謂的「求不得苦」，也就是我心中不切實際的盼望。當我轉換了觀點、願意和自己和解，和父母和解也就沒有那麼困難了。

然而，當我學會好好傾聽內在聲音，去探索情緒背後的原因，不安啊、恐懼啊、傷心啊、難過啊、失望啊、心碎啊……這些情緒怎麼又回來了呢？那一定是我還不夠好，我「應該」用成長性思維去看待失敗；「應該」告訴自己成功很好，失敗也很有價值；「應該」謝謝失敗，讓我知道哪裡還不夠好。

停！不要再自己編造故事了。

我們不需要自責、不需要後悔，而是要允許自己可以犯錯、可以有情緒、可以不完美，任何發生的事情都是最好的安排。我知道我還不夠好，但我看見自己的努力；我知道我被傷害得很深，被誤會了卻百口莫辯，但我心裡知道自己是怎麼樣的一個人。

難過了，不用急著站起來，在哪裡跌倒，就在那裡好好的哭一場吧！讓眼淚釋放被禁錮的靈魂，把時間用在好好照顧自己，是很重要的一件事。不急著趕路，而是讓每一步，都走出價值和幸福。

好好的欣賞你的努力和認真，好好的接受你的不足和掙扎，好好的謝謝自己這麼努力。這就是李崇建老師在《心教》這本書中提出的「6A自我對話模式」：覺知（aware）、承認（acknowledge）、允許（allow）、接受（accept）、轉化（action）、欣賞（appreciate）。

如果能夠覺知自己的情緒，願意停留在情緒裡久一點，願意承認、允許、接受自己有這些情緒。即使受挫了，依然能看見自己的堅持和初心。轉化後，請好好欣賞這樣的自己。

你永遠可以選擇

成為三個孩子的媽媽後，我才開始學會放掉自己的控制欲，樂於擁抱未知。家裡不可能隨時保持乾淨，沒關係；東西常常會找不到，沒關係；孩子老是沒有按照我的想法走，那是理所當然的。生命中總是會發生許多突發狀況，孩子突然吐了、發燒了、跌倒受傷了、打破杯子了……

讓自己「臣服」於未知、「投降」於生命。接納，然後好好享受它！

面對生命中的困挫時，也是一樣的道理，接納它！如果受傷了，好好陪伴自己。只要你願意，你永遠可以選擇，讓傷痕痊癒，變成榮耀的徽章。

16

機智教師的日常

我的人生我決定

有句話說：「知道這麼多道理，依然過不好這一生。」道理與原則大家都知道，但從「知道」到「做到」，距離卻很遙遠。這時，除了執行力以外，還需擁有即便處於不適與挫敗之中，依舊不斷微調的強大心理素質，才能一路堅持下去。

有效率的做好規律性工作

如何將前面提到的「高效原則」應用在日常工作之中？

以我所扮演的「公立小學教師」角色為例，「導師」更是一種時間性和規律性極

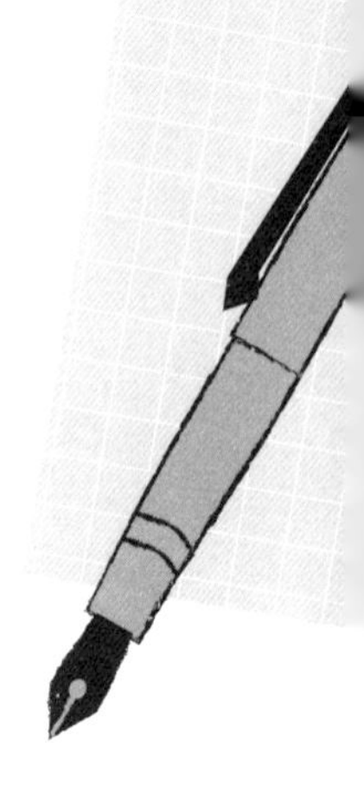

強的工作，容易抓出循環的特性：帶班是以兩年為一個循環、四學期為一個年級，其中每學期又包含開學前、開學第一週、段考前中後、期末、寒暑假等重要時點；例行性活動則有家長日、校外教學、運動會、宣導活動、畢業活動等。

許多工作也同樣具有規律性，像是我在擔任教務組長的行政工作中，會先抓出學校發展願景，決定目前應該將目標放在語文還是某個領域的發展，據此思考各項計畫申請取捨，接著就是逐一完成例行性的固定工作：

寒暑假期間有營隊、小一新生通知單、座談會事宜，並在確認行政人員和導師、代課老師之後，開始排定課表。課後照顧開課、學習扶助、教科書各項通知單。

教務組行事曆，三次評量日期、社團開課、學務系統設定。

每個月固定的工作計算外聘薪資、師生得獎流程、固定時間比賽報名、四五月新生報到通知單事宜、編班流程、五月教科書評選、六月畢業生禮品、成績、縣長獎等。

這樣就是一年的基本循環。

至於重複性較低、臨時交辦的業務，這時就需要好好耕耘零碎時間的使用。

永遠追隨你的北極星

然而，還有一些就長期來看「重要卻不緊急」的事項，例如：培養學生的運動與恆毅力、閱讀與寫作力、自學與行動學習力、品格與成長性思維等。

首先，要先找到你的北極星，也就是你的目標。每個教學工作者的目標不盡相同，可能是「把書教完、學生考試考好」，也可以是「希望學生能從『自學者』發展為『終生學習者』，成為一個有能力領導自己生命的人」。這兩者的教學方法和班級經營自然會截然不同，前者帶班初期看似進展快速，但最終孩子和老師很容易會陷入疲乏與倦怠；後者則會如倒吃甘蔗般漸入佳境。一切就看老師們各自秉持著何種教育哲學。

前面我們提到「繪製地圖和放路標」，怎麼讓孩子成為領航自己生命的終生學習者？方法可能是透過讓孩子覺知、思考、利用主題式學習、專題研究開始，但目標是這樣，現實卻是目前孩子的能力還不足，也許需要先奠基調整，在《小學生學習行事曆》中，我已經建立一套自己在偏鄉教學，針對孩子培養自主獨立學習的系統（圖2-5）。

圖2-5　自主學習系統圖

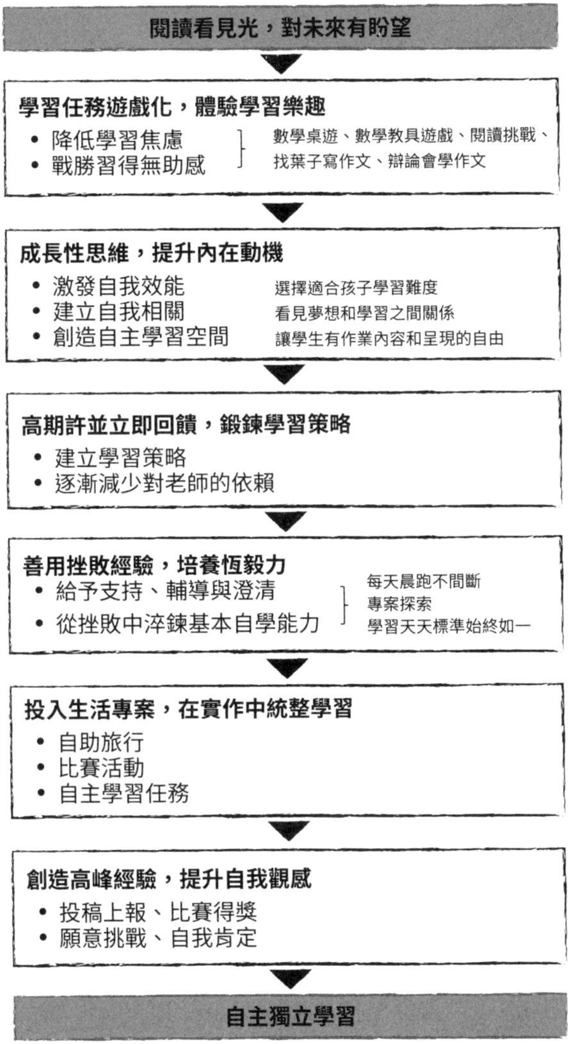

閱讀看見光，對未來有盼望

▼

學習任務遊戲化，體驗學習樂趣

- 降低學習焦慮
- 戰勝習得無助感

數學桌遊、數學教具遊戲、閱讀挑戰、找葉子寫作文、辯論會學作文

▼

成長性思維，提升內在動機

- 激發自我效能　選擇適合孩子學習難度
- 建立自我相關　看見夢想和學習之間關係
- 創造自主學習空間　讓學生有作業內容和呈現的自由

▼

高期許並立即回饋，鍛鍊學習策略

- 建立學習策略
- 逐漸減少對老師的依賴

▼

善用挫敗經驗，培養恆毅力

- 給予支持、輔導與澄清
- 從挫敗中淬鍊基本自學能力

每天晨跑不間斷
專案探索
學習天天標準始終如一

▼

投入生活專案，在實作中統整學習

- 自助旅行
- 比賽活動
- 自主學習任務

▼

創造高峰經驗，提升自我觀感

- 投稿上報、比賽得獎
- 願意挑戰、自我肯定

▼

自主獨立學習

等到北極星、地圖和路標確定之後，接下來，就要思考可以使用的時間。教學工作是一學年又一學年的循環，先準備好學校行事曆和課表，在手帳中填入固定的段考、學校行事（大石頭），我習慣在期初一一填入手帳中，並在之前先寫下切成小石頭的時間。例如：故宮南院的校外教學，事先前幾個月可以開始蒐集資料，帶孩子閱讀書籍、探訪網站，讓孩子上臺報告、製作小書。讓大石頭已經落地到每週、每天的生活。

將這學期重要相關的行事處理好之後，盤點段考前中後固定帶孩子做計畫、出題、執行、回顧等對應的工作。還有自己參與的計畫、行政工作等，也都用不一樣顏色的筆分別填入。等到大石頭、小石頭都放入之後，很容易可以看出所需要的時間以及剩下的時間。

接下來，就是教師自己的教學進度、一週課程規劃、作業、訂正和回顧。這些都詳述在《小學生年度學習行事曆》的「運用手帳找出優雅教養的祕密」章節中，在此不再贅述。

時間表中看不見的事

值得特別注意的是，隨著時間軸不斷前進，很多細微處有著時間表看不見的事。舉例來說，教學和作業類別並非一成不變，需要透過「觀察學生」與「教學省思」，時時調整。學生在校長達八、九個小時，重要的應該是課堂上的教學成效。從課程綱要出發，思考這個學期、這個科目的教學目標，同時根據不同程度的孩子，排定出低、中、高不同的能力目標，在課程中進行差異化教學，讓每個孩子在一節四十分鐘的課程中，都能夠有所獲。

如此一來，回家作業則不需要花過長時間完成，也能減少錯誤率，隔天訂正也可以快速完成。「今日事，今日畢」，建立一個長期的好循環，教師便不會受困在趕不完的進度、催不完的作業、訂正不了的簿本，導致疲倦與倦怠，並在此長期壓力下，出現不想起床、不想上班、憂鬱、經常健忘、情緒低落、經常頭痛、經常肌肉痠痛、睡不安穩、失眠等，簡直是在慢性自殺！

因此，我常會給自己時間限制，例如：規定自己批改一班二十幾人的作業（包含小日記），時間不要超過一節課。讓自己有喘息空間，身心平衡、準時下班，擁有自己的生活節奏。

站在學生的立場來看，每天在校時間已經超過八小時，如果回家還要花兩小時做作業，還真是「從小過勞」。更何況有些動作較慢、對自己要求較高的孩子，他們回家後如何有時間運動？如何有時間自主探索？如何有時間好好和家人相處？過多的作業，也容易讓學生習慣用敷衍的態度隨便寫寫，反而因小失大。

相反的，若能達成教學目標、看見孩子的能力有所提升，師生都能獲得意義感和成就感，開啟一個向上的循環，漸漸的，你將逐漸看見系統、看見連接時間的那條線，就能愈來愈掌握長時間規劃和擁有預測的能力。

家庭是事業的基石

每天下午四點一到，我就會完成學校工作，回家當媽媽、當太太、當自己。準時下班是我給自己的目標，也是內心重視的原則。為了要達成這個目標，就可以激發出自我潛能，在零碎時間中找到完成各種事項的心流和時間。如果真的有工作需要帶回家，也要和另一半彼此商量、相互支援，至少兩人之中有一方有電。當然，現實生活中偶爾有無法如願的時候，這時至少讓孩子有得吃、有睡好，就夠了，不要對自己要求太過完美。

當孩子年幼時，父母真的需要花費許多時間陪伴，甚至會犧牲自己的睡眠。但孩子漸漸成長之後，就會有愈來愈多時間可以運用。像是我回家之後，要煮晚餐、看功課、閱讀、和孩子相處、做家事等。孩子回家之後，要洗手、洗餐具、吃點心、做家事、運動、寫作業、洗澡、吃晚餐、閱讀等。

隨著孩子漸漸成長，習慣逐漸內化，即使有時父母無暇督促，他們依舊可以自動導航。家事、運動和閱讀，都是「重要且不緊急」的事，但若能落實在每一天，未來就會為你帶來更大的複利效應，讓你擁有更多額外的時間。

另外，週末假期顯得特別重要，這是影響下週生活的關鍵。你可以先行開出下週的早餐、晚餐菜單，以及採買、打掃等較大規模的家事，這是讓自己下週能否優雅生活的關鍵。而自己想要去的地方，想要過的精采生活，想要嘗試的新鮮體驗，都要預先在平日蒐集規劃，週六、週日就能準時出發。

好好生活的證明，不是週末假日累到不想出門、整天補眠，或是以大賣場行程作罷，只能眼巴巴讓自己的夢想，轉眼又是一年。

行筆至此，我深知自己的經驗可能無法符合不同的生命狀況。家家有本難念的經，人人都有不同的生命課題。只是一樣從焦頭爛額中走過，與其在狼狽中掙扎，與其抱怨設限，不如給自己一個嘗試的機會。「不管你覺得你能還是不能，你都是對的。」你永遠可以有選擇，我始終這樣相信著！

17 如何在工作和生活之間達到平衡？

安穩身心

身為三個小孩的媽媽、演講講師、專欄作者、閱讀推廣人，我最常被問到的問題是：「你怎麼同時兼顧工作和家庭？」每次被問到這樣的問題，我都感到有些困擾，畢竟這不是三言兩語就能說得清的。

我們有限的生命，就像一條不斷前進的時間軸，面對不同時期、不同角色、不同任務，自然會有不一樣的重點和時間分配。

年輕時，我只想著怎麼努力還債，不斷增強自己的專業。結婚後，孕育了新生命，在陪伴孩子成長、最感到兵荒馬亂的幼兒階段裡，還是努力的忙裡偷閒，給自己一點空間；等到孩子漸漸大了，上幼兒園了，我才真正有餘裕，可以認真的開始寫一本書。

圖2-6　導師媽媽的一天

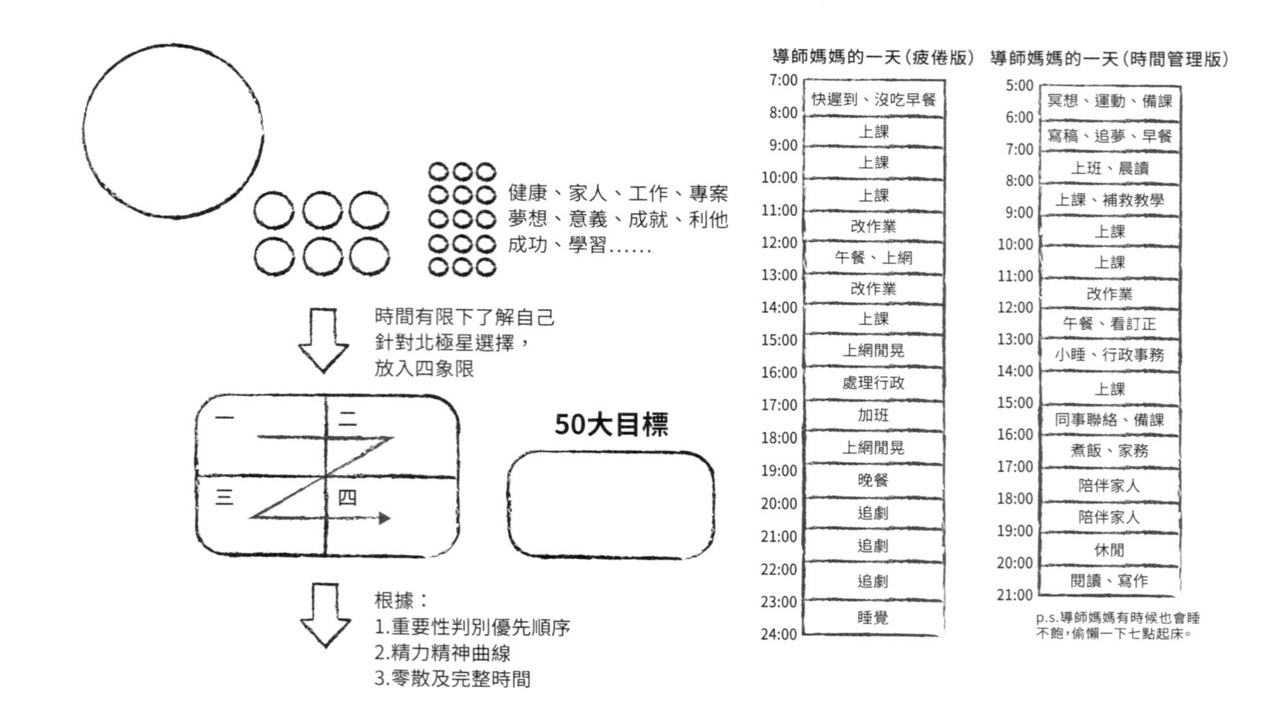
健康、家人、工作、專案
夢想、意義、成就、利他
成功、學習……
時間有限下了解自己
針對北極星選擇，
放入四象限
一
二
三
四
50大目標
根據：
1.重要性判別優先順序
2.精力精神曲線
3.零散及完整時間
導師媽媽的一天（疲倦版）
7:00
快遲到、沒吃早餐
8:00
上課
9:00
上課
10:00
上課
11:00
改作業
12:00
午餐、上網
13:00
改作業
14:00
上課
15:00
上網閒晃
16:00
處理行政
17:00
加班
18:00
上網閒晃
19:00
晚餐
20:00
追劇
21:00
追劇
22:00
追劇
23:00
睡覺
24:00
導師媽媽的一天（時間管理版）
5:00
冥想、運動、備課
6:00
寫稿、追夢、早餐
7:00
上班、晨讀
8:00
上課、補救教學
9:00
上課
10:00
上課
11:00
改作業
12:00
午餐、看訂正
13:00
小睡、行政事務
14:00
上課
15:00
同事聯絡、備課
16:00
煮飯、家務
17:00
陪伴家人
18:00
陪伴家人
19:00
休閒
20:00
閱讀、寫作
21:00
p.s.導師媽媽有時候也會睡
不飽，偷懶一下七點起床。

「怎麼同時兼顧工作和家庭？」其實我常常覺得自己沒有兼顧到呢！像是當要出門工作的時候，孩子抱著你的大腿哭；當有工作要趕的時候，孩子發燒生病；當懷孕了，長輩說不能太勞累，卻得身兼畢業班導師和教務組長……

如果沒有明天

世事哪能盡如人意，因此，我不求兼顧工作和生活，也不去想如何平衡兩者。謝文憲（憲哥）寫過一本書，書名就叫做《人生沒有平衡，只有取捨》。當人生面臨困難時所做的選擇，才能呈現你內在真實的價值觀。

根據一項對安寧病房臨終病人的調查，調查者請病人回顧自己的一生，並詢問：「你最感到後悔的事情是什麼？」這群人生旅途將近終了的旅者，給出的答案是：

1. 但願不要那麼辛苦的工作。
2. 但願當初有勇氣做自己，而不是符合他人的期待。
3. 但願當初有勇氣表達自己的感受。

4. 但願當初與朋友保持聯絡。
5. 但願自己更快樂。

你發現了嗎？你的北極星始終是你最核心的價值。只是，在實現目標的旅程中，有時候我們會忘記去確認：我的方向一直是朝著北極星走的嗎？

賈伯斯（Steve Jobs）曾說：「記住你即將死去。」每天起床後，仔細思考：如果明天我將不在，我依舊會這樣選擇嗎？死亡總是提醒著我們，確認什麼才是生命中最重要的選擇。在死亡面前，所有的榮耀和名利、不堪與恐懼，全都會消失，一切顯得微不足道，最後留下的，只有真正重要的「愛」。

享受每一個當下

然而，人生總是起起伏伏，哪能時時刻刻都照著自己的意思走？

就像我一直遵循「健康第一、家人第二」的原則。但當年面對家中遭遇經濟困頓，日日熬夜、餐餐土司對我來說卻是司空見慣，因而落下腸胃問題的病根。回首過往，工作與生活真有可能兼顧與平衡嗎？可以順利的從谷底爬上來，擁有現在的生活，我就十分感恩了。

後來調動到新學校，當時懷著三寶，學校希望我可以兼任教務組長。但當時如果沒有帶班，怎麼能知道學校學生的程度，怎麼能了解老師們的教學困難，又怎麼能給予老師適切協助？然而，即使運用了各種時間管理技巧，但繁忙的工作，加上新生兒誕生後忙碌於家中三寶，兩年工作下來，對健康和心理上造成很大的負擔。當我意識到自己實在已經無法承受，就藉著育嬰假，用一年時間陪伴孩子，也讓自己暫停。

後來，學校運作上了軌道，校務蒸蒸日上，每屆孩子的學習狀況也持續提升，當然，也包括我自己的孩子。賈伯斯說：你無法預先把點點滴滴串連起來，只有在未來回顧時，你才會明白那些點點滴滴是如何串在一起的。

我的意思是，人生這麼長又這麼短，「工作和生活達成平衡，每件事情都照著我們現下的選擇決定」，本身就是一個不可能的命題。人生際遇起起伏伏，意外波折連續不斷，我們可以做的，就是仰望遠大的北極星，盡我們的努力朝它奔跑。在過程中遇到波折時，也許短時間會借支健康存款，也許有時事與願違，也許需要繞遠路，但旅途最重要的不只是終點，而是那些點點滴滴的過程，造就了終點的意義。

我在《從讀到寫》中提過，我曾經提出希望將圖書館的書籍兩萬多本書籍全部重編，還申請經費改建。當時，校長全力支持我，只是，他很疑惑的問我：「這是上級規定要做的嗎？不然你還懷孕，每天搬書實在太辛苦。」我當時只是純粹認為，如果學校是知識的殿堂，那麼圖書館一定是學校的心臟，當孩子可以大量且系統性接觸有趣、經典、一流的各類圖書，提升視野和品味，將來不可限量。完成之後，好多學校的圖書館老師都來參訪，我也熱情的接待他們，將全數細節無私分享。後來我提出調動時，最不捨的就是圖書館。

只是當我踏進新學校的時候，發現整個圖書館的編目正確且條理分明，完全就是當初我所分享的內容。看著眼前的圖書館彷彿發著光，我感動到無以復加，為此觸動不已。「你付出的，終究會回到你身上」，不管有沒有回饋到自身，當一個念頭浮起，當一句話說出，當一個行動發生，也已經形塑我們存在的意義了。

我們可以規劃北極星，只是人生中得失怎能算清？如何衡量你的人生？如何能預測事事項項、怎能一切都規劃無誤？

心有北極星，鍛鍊使精神強大，抵抗焦慮和負面情緒，忘記那些不會發生的幻想失敗，停止自責、後悔、抗拒、拖延。其實，就是目標正確，再將目標確實分割成小部分，每天完成一點，點點滴滴，注意你的信念，會決定你最終抵達之處。

接下來，只要將自己全然交給宇宙，在時間的波動中享受每一個當下。

走在自己的時區

最後，我想與你分享一首小詩〈你在自己的時區〉：

紐約時間比加州快了三小時，但加州時間並沒有比較慢
有人二十二歲就畢業了，但等了五年才找到一份穩定的工作
有人二十五歲就當上CEO，卻在五十歲離世
也有人直到五十歲才當上CEO，然後活到九十歲
有人依舊單身，同時也有人結婚
歐巴馬五十五歲時退休，川普七十歲開始當總統
世上每個人本來就有自己的時區
有些人看似走在你前面，也有些人看似走在你後面

其實每個人是在專屬於自己的時區內，走著自己的步程
不需要嫉妒或嘲笑別人
他們都在自己的時區裡，而你也是
生命在於伺機而動
所以，請放輕鬆
你並沒有落後，你也沒有領先
在上帝為你安排的時區裡，一切都是準時的

把自己的焦慮收起來。面對一個又一個挑戰，做好準備。即便有波動，也能身心安穩，享受當下。

「工作和生活平衡」其實是個假命題。真正重要的是，你的心境是否平衡安好？在逆境時，仍心懷感恩，永不放棄，努力逆風；有餘裕時，心懷感恩的照顧身邊的人。凡事都是最好的安排，傾聽自己的聲音，把持初心，真相是時間的女兒，最後會迎來價值。

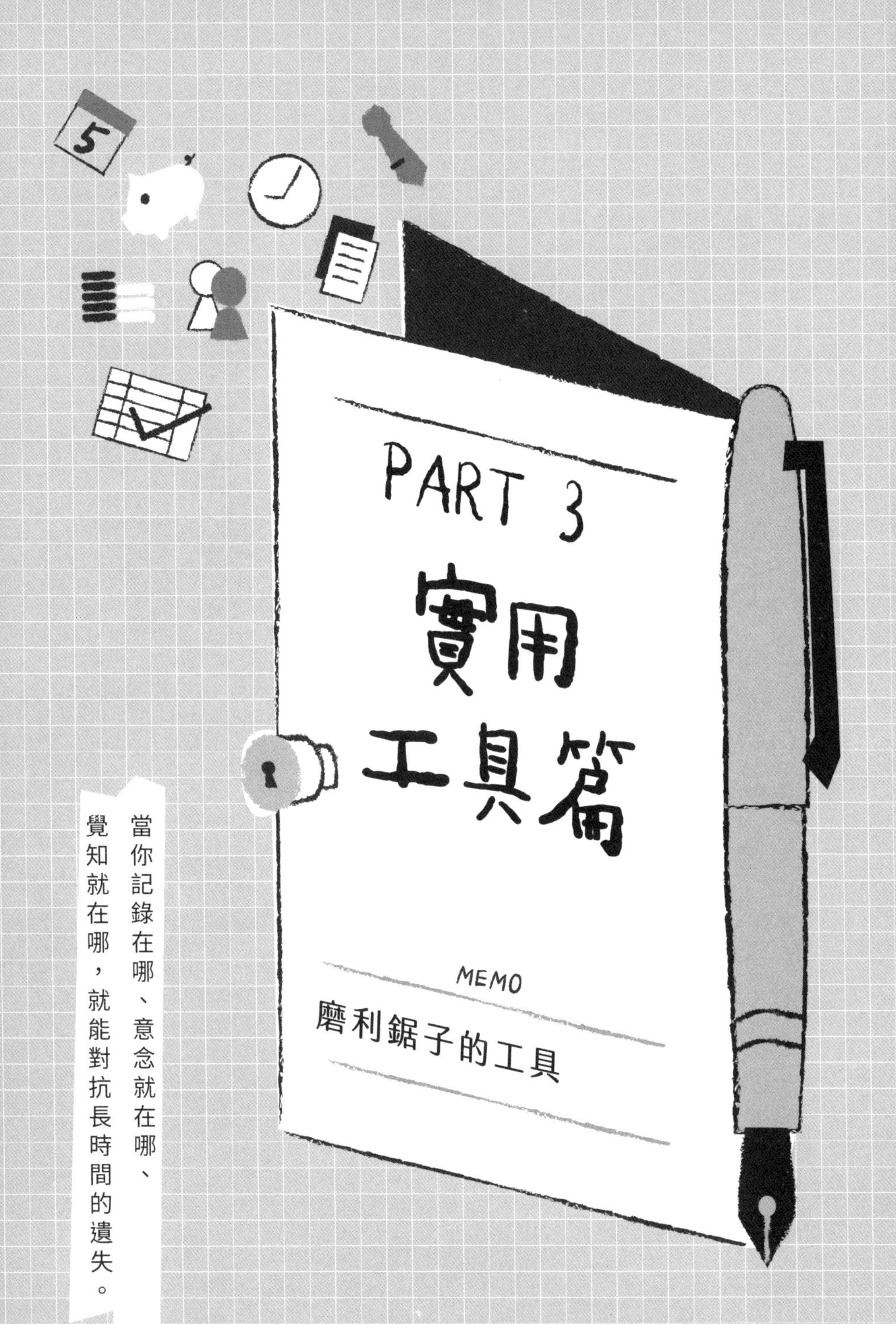
5
PART 3
實用工具篇
MEMO
磨利鋸子的工具
當你記錄在哪、意念就在哪、覺知就在哪，就能對抗長時間的遺失。

18

用讀寫穿越時空

讀寫

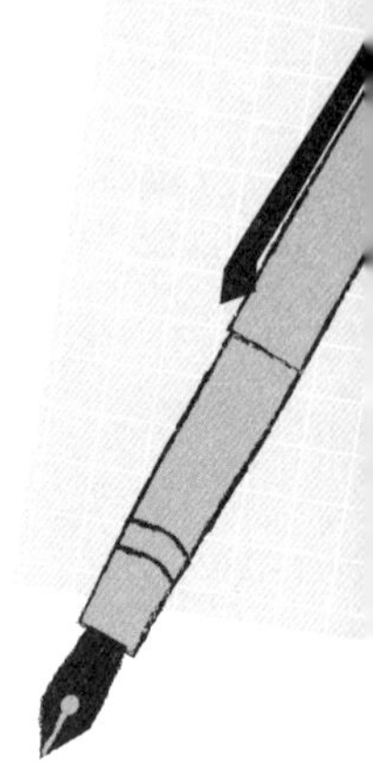

從一個家裡負債累累又沒有專長的實習生，途中走過生命的困頓和低谷，到現在成為一個認真活出自己想要的人生、致力於推廣閱讀的推手，背後推動我最主要的動力，永遠都是「讀寫」。

在我的第一本書《從讀到寫》中，曾分享閱讀如何幫助我賺取稿費、獲得生活費、奠基教學專業，甚至教我做計畫、點燃我的動機、加溫我的執行力。除此之外，閱讀更陪伴我跨越生命中的層層關卡，幫助我和家人和解、和自己和解。

閱讀還賦予我信念，讓我始終相信自己可以做得到，讓我永遠都能在書裡找到策略和方法、勇氣和信心。不過，許多人或許不知道，對我來說，閱讀還具有一個重要的特質，那就是：閱讀可以看透時間。

閱讀開拓思考維度

當我站在浩瀚書海裡，總覺得能夠看見時間的流動和比重。在書籍暢銷榜上，我看見許多暢銷一時的書來來去去，有些甚至沒過多久就被人們所遺忘。但我也看見許多經典，無論歷經戰亂的顛沛流離，穿越了時光數十年、數百年來到你我面前，這些經典依舊是如此雋永，令人感動、震撼。

是什麼因素讓這些經典禁得起時間的殘酷考驗？是價值，永恆的價值。

當你沉浸於漫漫書海，一本本、一系列、一個個主題忘情的讀著，你將會和我有相同的發現：真正有價值的書，都是能夠穿越時空的。

那麼，我們自己這本「人生之書」呢？

在「真人圖書館」的概念裡，每個人都是一本書。所以，你想當盤據排行榜的流行霸主、為小眾喜愛的小清新，又或者是曖曖內含光，即使不為人知，依舊堅持在特定領域中踽踽而行……你的人生之書，要走哪個方向和類型？

在古今中外的傳記、歷史、文學之中，蘊含著各式各樣的價值，幫助我透過閱讀穿越時空，看清自己想要的人生方向。當一個人心懷遠方，便能不慌不忙於當下。

我每年閱讀大約兩百本書，除了那些能夠豐富自己教學專業的書、以及大量童書之外，也會閱讀心靈書與看似沒有特定目的之書。用一本書的時間偷窺別人一生精華的腦袋，用閱讀和其他心靈碰撞、共融，不斷更新自己的作業系統，開拓思考維度。

剛開始閱讀時，自然會感到牛步緩慢，可是當鋸子慢慢磨利後，你會發現眼前這本書和上次那本書有些地方一致、有些地方不同，那麼我只需要閱讀不同之處即可。隨著閱讀量的累積，光是看目錄就能洞悉這本書的定位，直接翻閱不同之處，速度自然更快。隨著主題閱讀量的不斷擴大，你已然成為這個領域的專家，就能打破時間的限制，並將所學實踐運用，改變自己的人生。

讀寫看見自己

「讀」與「寫」是一體兩面，沒有「寫」的「讀」是盲的，沒有「讀」的「寫」是空的。在閱讀過後，如果沒有書寫的沉積，就只有喧鬧的文字不斷進到大腦，擾亂目前的步伐。唯有藉由「寫」，不斷把迴盪在自己大腦裡的聲音寫下，才是真正屬於你的情緒、真實想法、心靈、價值。

所以我寫心得、我寫紀錄給未來的自己、我寫待辦事項讓大腦釋放、我寫日記記錄生活點滴、我寫部落格記錄教學過程、我寫臉書整理頭腦裡紛亂的感受。在一次次的書寫當中，我在頭腦裡反覆播放心裡的聲音，寫下後再讀一遍，往往會驚訝的發現：原來我是這樣的！

從讀到寫，我在讀寫中看見自己、找到自己、成為自己。

過程中，書寫讓我安心的釋放自我感受，記錄過往點滴。寫下之後，用我的筆和我的腦，重新記錄下書中創見，貼在牆上、放在手帳，每天每天，變成習慣，變成日常。我就是用「寫」栽培我自己的。

讀寫為人生導航

更重要的是，當你「讀」在心裡，只有「寫」能釋放想法。

最初，我將教學點滴記錄在部落格和臉書上，並在文字旁邊加上圖文備注，純粹是覺得這樣能幫助自己搜尋方便。沒想到，意外收到許多讀者的回饋、感謝與更正等指教，就這麼一路書寫、漸漸累積。後來，開始收到出版社邀約寫序、寫推薦、寫教案、寫提問、寫書。同樣是運用時間複利，一種滾雪球的概念。

你發現了嗎？時間管理，事實上是管理自己。而管理自己之前，你要先了解自己。不管你的北極星、你的地圖、你的神隊友、你受挫時希望怎麼被安慰，面臨每個交叉路口都要回到一件事，那就是：你是否了解自己。了解自己，才能駕馭這艘名為「自己」的太空船，在時間宇宙中航向你的星系。

而「讀寫」，就是輸入新的程式碼，搜尋與定位航行方向，在浩瀚的時間宇宙中，不致迷失，踏實前進。

讀寫帶來的生命禮物

提到寫書，事實上，我從來沒有過出書的念頭，但我必須要說，關於出書，我可能是最大的受益者。

在長時間書寫部落格之後，陸續有不同出版社跟我聯絡，而在因緣際會下，我出版了第一本書。誠如第一部所述，第一本書的書寫真的很痛苦。可是，等你長好了寫書的肌肉，再面對大範圍、大章節的文字表述，思考怎麼站在讀者立場與他分享，等到書籍出版之後，就像某位前輩說的：「出書是握手香，每天都在收禮物。」

當我收到好多好多讀者的回饋、感動和感謝，我才驚訝的發現，原來文字對人的影響如此巨大，原本以為不起眼的或習以為常的，卻是他人感動落淚的重啟開關。每天，我在網路上、在書評裡，甚至在影片和部落格中，看到自己的文字可以為別人帶來這麼多美善的影響。

寫書過程不易，但對讀者有益，更能幫助我系統性看見自己的來時路，重新整理自己的人生，深刻的反省：「我是怎麼走到這裡的？」

為了讓別人理解，必須重新將整個來時路在心裡慢速重播一遍，細細複習，拆解出對他人有幫助的資源，也在心裡不斷對自己重述一遍，成為信念、不斷循環。

「讀寫」能為我們帶來許多意想不到的禮物。「最淡的墨水勝過最強的記憶」，當你用文字記錄下當時的心境、心情、事件、發生過程、細節，等到時光流逝，留下的不會只有模糊的印象。靠著過往的文字，讓自己就像乘坐時光機般打開任意門，去到任何你想去的時空，拜訪十年前的你，看見五年前你的計畫，翻閱去年某日你的心情，讀你自己的人生之書。

然後，帶著過去的努力，讓現在的自己與想要的未來相遇。「讀寫」，讓我看破時間的障礙，自由的穿越時空。看見過往，看見重要的價值，看見未來。然後，在當下做出有價值的決定。

「讀寫」，就是在時間流逝下，我們唯一可以把握的時光機。

高效教師的時間管理檔案⑤

孫菊君

現任新北市中和國中視覺藝術教師，「視覺藝術學思達共備社群」發起者及召集人、「學思達教學法」與「夢的N次方」研習講師，臺灣開放美術教室公開觀課第一人。

閱讀的實踐者

獲獎無數的菊君老師長期在美術領域耕耘，我則是因為拜讀她在臉書上一篇篇「閱讀筆記」，因而和她成為好友。大家都知道閱讀的重要，但長期形成閱讀習慣，將讀書心得寫成筆記，並具體實踐在生活中的人卻不多。尤其，菊君老師後來又分享「共鳴讀書法」，讓我這個書痴一直很想一窺堂奧。

閱讀開啓奇妙之旅

菊君老師說自己開始接觸閱讀，是兒時受到表哥、表姐書櫃裡的藏書所吸引。長大出社會後，則是基於個人需求，開始閱讀一些功能性書籍，但結果往往是：書買回來了，卻找不到時間讀，於是書就被擱在那兒。後來，她接觸到一些談論「閱讀術」的書籍，決定親身嘗試。最後，她結合日本的「共鳴讀書法」等書籍內容，經過實踐和修改，成為現在推廣的「九宮格共鳴筆記讀書法」，一個月就讀了二十五本書，更開啟一段意想不到的閱讀旅程！

翻開菊君老師的著作《點亮藝術力》，會發現這本書和一般書籍很不一樣，每翻個幾頁，就會看到她分享一本好書，並娓娓道來書籍對自己的影響。她信手捻來就是書籍精華，並將書中養分轉化成自己的教學底蘊，深層建構教學信念，成為自身藝術教學不可或缺的系統脈絡。讓我不禁好奇：「菊君，你是怎麼用讀書建構、實踐這一切？」

菊君老師製作的「九宮格共鳴讀書法」筆記

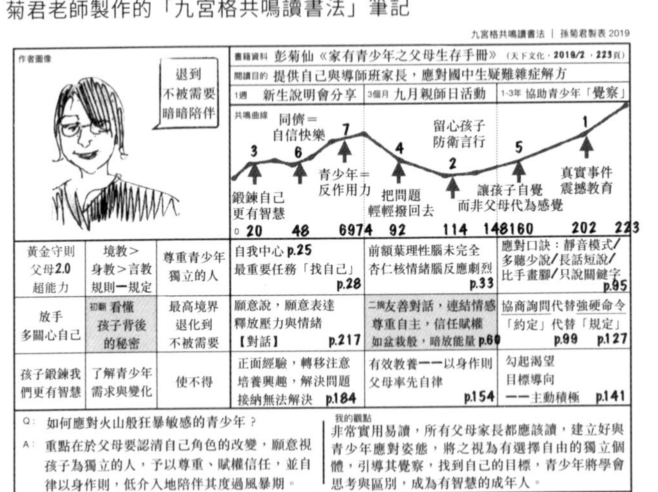

九宮格共鳴讀書法 ｜ 孫菊君製表 2019

書籍資料 彭菊仙《家有青少年之父母生存手冊》（天下文化，2019/2，223頁）

閱讀目的 提供自己與導師班家長，應對國中生疑難雜症解方

1週 新生說明會分享 ｜ 3個月 九月親師日活動 ｜ 1-3年 協助青少年「覺察」

黃金守則 父母2.0 超能力	境教＞ 身教＞言教 規則一規定	尊重青少年 獨立的人	自我中心 p.25 最重要任務「找自己」 p.28	前額葉理性腦未完全 杏仁核情緒腦反應劇烈 p.33	應對口訣：靜音模式/ 多聽少說/長話短說/ 比手畫腳/只說關鍵字 p.95
放手 多關心自己	初翻 看懂 孩子背後 的秘密	最高境界 退化到 不被需要	願意說，願意表達 釋放壓力與情緒 【對話】 p.217	二擷友善對話，連結情感 尊重自主，信任賦權 如盆栽般，暗放能量 p.60	協商詢問代替強硬命令 「約定」代替「規定」 p.99 p.127
孩子鍛鍊我 們更有智慧	了解青少年 需求與變化	使不得	正面經驗，轉移注意 培養興趣，解決問題 接納無法解決 p.184	有效教養——以身作則 父母率先自律 p.154	勾起渴望 目標導向 ——主動積極 p.141

Q：如何應對火山般狂暴敏感的青少年？

A：重點在於父母要認清自己角色的改變，願意視孩子為獨立的人，予以尊重、賦權信任，並自律以身作則，低介入地陪伴其度過風暴期。

我的觀點

非常實用易讀，所有父母家長都應該讀，建立好與青少年應對姿態，將之視為有選擇自由的獨立個體，引導其覺察，找到自己的目標，青少年將學會思考與區別，成為有智慧的成年人。

圖片來源：菊君老師提供

閱讀帶來實踐的力量

菊君老師說自己讀書的守備範圍很雜，只要網路大神們推薦的書，她就會老實的一本本啃下去。像是推廣「薩提爾理論」的李崇建老師曾推薦過托勒（Eckhart Tolle）的作品，她就踏實的找來讀，並讀完作者其他著作，透過閱讀，將知識體系向下扎根。

有一陣子，她對「獨處」這個閱讀主題有興趣，便把與這個關鍵字相關的資訊一網打盡，不管是散文、小說、劇本等文類，甚至是網路書店的「推薦閱讀」、「其他讀者也在讀」等欄位也不放過。運用「主題閱讀」的方式，能廣泛看盡不同書籍，思考不同作者運用何種切入點和呈現方法來談論同一主題。

閱讀能帶來實踐的力量。多年前，菊君老師讀到托勒在《當下的力量》中談到正念、靜心冥想，她開始改變生活作息，每天清晨五點起床，靜心靜坐、自由書寫、安排行程，這個習慣一直延續至今。如果手上要執行大型活動或專案，例如撰寫《點亮藝術力》時，她更是每天清晨四點就起床書寫。

菊君也閱讀我曾推薦的《與成功有約》、《成長性思維》，這兩本書對她的教學有著深遠的影響；薩提爾理論則是讓她學習接納自己。一步一腳印，菊君老師對於一本本書籍如數家珍，談話中隨手捻來都能說出這些書對自己的影響。她是一位閱讀的實踐者！

閱讀帶來學習的動力

不只閱讀與實踐，菊君老師還經常透過演講或在工作坊進行分享，講題除了藝術，還常跨界到綜合和其他領域。面對高耗能的演講分享，她又是如何調適？她笑著說自己喜歡挑戰，面對不一樣、甚至是特別困難的講題，她總是熱血沸騰。

菊君老師平時習慣隨身攜帶一本口袋型靈感小冊子，在散步、運動、洗澡時抓住靈光，迅速筆記下來，並發想架構和脈絡，呈現不同組合。像是指導學生參加美展，就是將小冊子內的靈感組合架構後，利用「康乃爾筆記法」、「九宮格思考」，讓學生透過欣賞其他作品進行省思。

另外，她也慣用「子彈筆記」，把所有的週記畫表、每日行程、聽講筆記、備課發想、雜感日記，全都集中在一個A5大小的硬殼黑色本子。她運用一連串讓思考可見的探究、解讀、發想、測試、改良，不僅培育自己，同時解構調整成適合孩子的教學，處處可見強大的閱讀力、實踐力和統合力。這讓人深刻感受到，身為教師，本身必須先做個認真的學習者！

最後，菊君老師分享到，教學上難免有倦怠、失落的時候，但每當看到學生的眼神和教學的成就感，就是支持自己持續下去的動力。她建議想要改變的老師，剛開始先踏出一小步，再踏出一小步，重要的永遠不是第一步走了多遠，而是之後的持續和累積。

"

菊君老師的智慧小語

重要的永遠不是第一步走了多遠，而是之後的持續和累積。

"

19

#手帳

當一個手帳時間管理大師

沒有在一日內發生的，也很難在一年裡發生。

人類是健忘的動物，年初的承諾與雄心壯志，上週的反省與檢討，昨日的後悔與反省，今天往往都隨風而逝。

面對北極星、工作要項、行程規劃、臨時事務、各項紀錄等等，我們需要有一個系統性、隨身攜帶、可供時時照看的工具，來提醒自己：北極星正在對著自己發光！

這項工具是什麼？有的人習慣用數位方式做記錄，而我，一向都使用紙本手帳。對我來說，書寫手帳就像為自己寫下今年的編年史，然後一年一年校正回歸。不過，數位工具固然方便，但手寫手帳可以前後翻頁，查詢速度更快，用筆書寫的思考

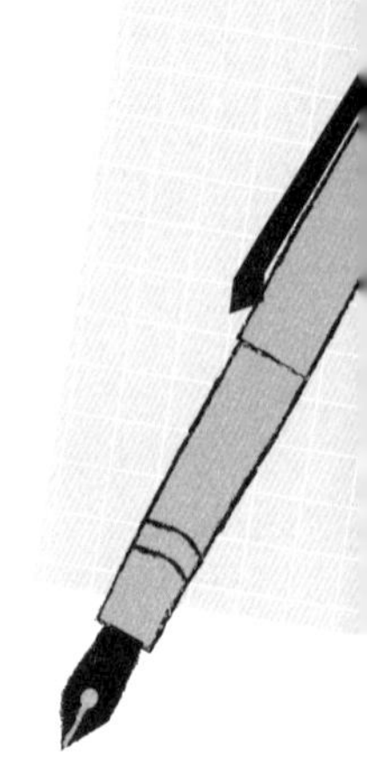

習慣也和鍵盤很不一樣。因此從國中至今，我依舊習慣書寫手帳。

手帳的選擇

「手帳」（てちょう）一詞從日本而來，是指行事曆、筆記本的意思。手帳的樣式繁雜又多樣，選擇上經常令人眼花撩亂。例如有：一天一頁、兩天一頁、一週一頁、一週兩頁，還有空白欄位、方格形式、直行時間軸等（圖3-1）。因此一開始，光是找出適合自己手感運用的手帳，就花了不少時間。

早期，我都是使用免費贈送的行事曆，後來漸漸使用A5行事曆，尺寸不會太小，剛好符合思考空間。樣式是左邊一頁一週，方便我寫上每天重要的幾件事；右邊則是空白頁面，可以寫上像是演講規劃、寫文構思、旅行行程排定、詳細開會紀錄等。空白的頁面讓我很有安全感，感覺可以把頭腦中的訊息無限的倒出來。清空大腦才有辦法做事。

如果你是手帳初學者，我會建議「直式時間軸」格式的手帳。首先，可以先把一天的行程寫上，不管做什麼事都一一標上。短期可以看見自己的時間安排，抓出時間

圖3-1　不同形式的手帳

月記事

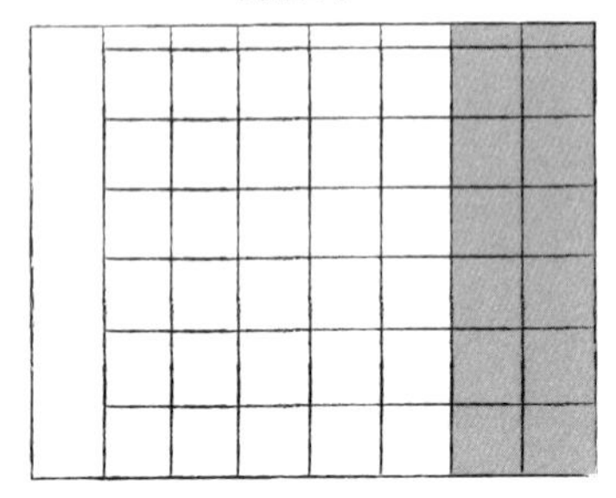

特色：

- 一次可看清楚整月
- 我喜歡六日排在後面，方便行程規劃

直式時間軸週記

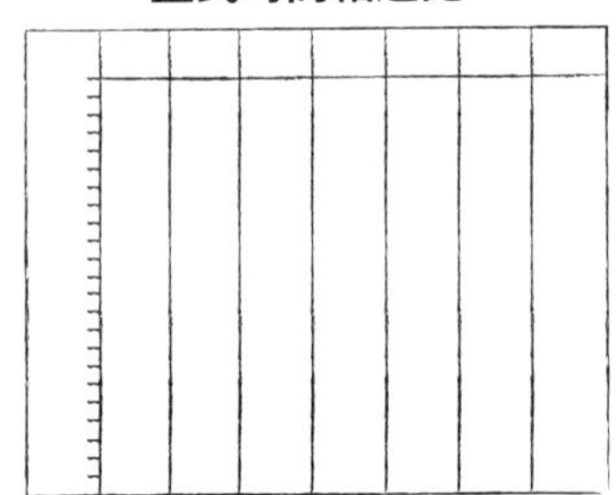

特色：

- 適合精準掌握時間的人
- 適合新手規劃時間
- 適合多種身分，可用不同顏色進行身分管理

單頁週記+空白頁

特色：

- 一週一頁，方便需進行一週規劃的人
- 空白頁可自由運用，構思、計畫等

一日一頁

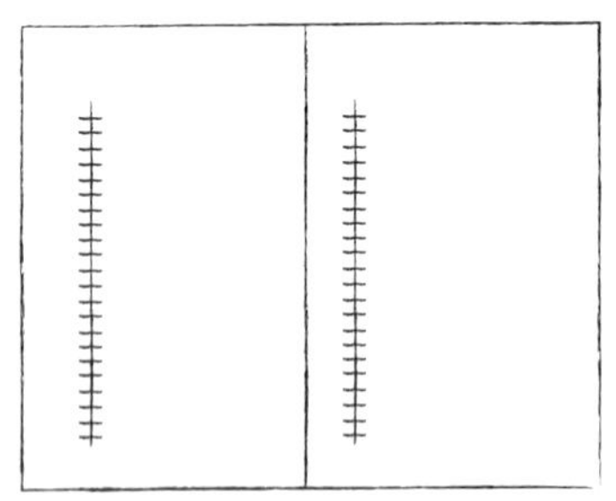

特色：

- 適合一天有大量時間進行規劃的人
- 可當作日記使用
- 需要有長時間進行書寫
- 缺點是一本頁數比較厚重，亦有一年上下冊的選擇

月記事手帳

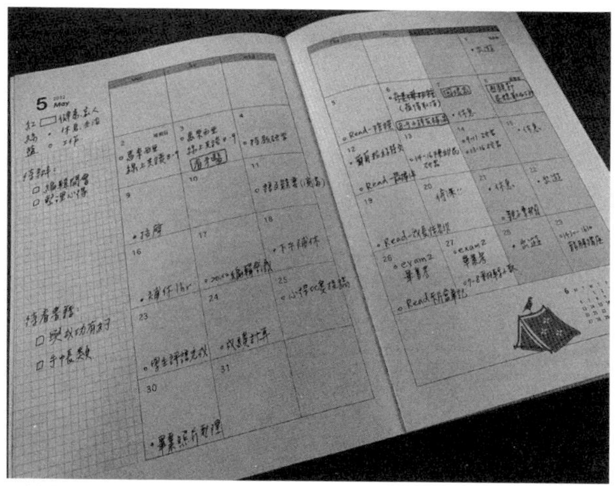

照片來源：作者提供

單頁週記

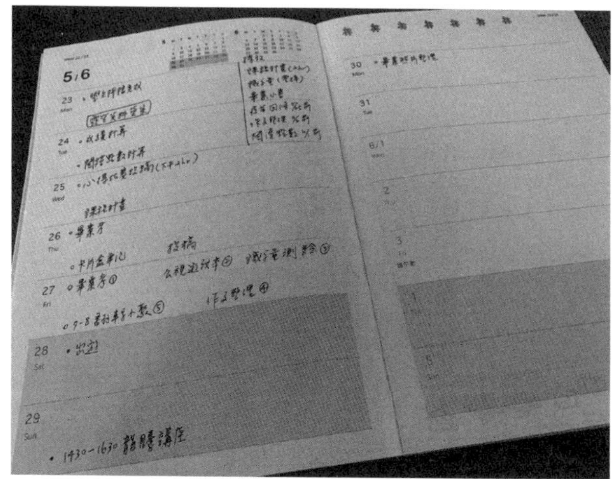

照片來源：作者提供

黑洞；長期可以看見自己生活和工作的規律，從中抓出多餘的時間規劃。

而數位時代下，有些人習慣使用數位手帳，隨時可以搜尋多年來的手帳，立刻找到相關資料，也十分方便。不管是數位或紙本，端視你有多了解自己的需求。了解自己，絕對是選擇手帳的第一步。

手帳的功能

在紙本手帳中，有的具有日記功能，可寫下心情和想法，方便日後回頭檢視；有的可以繪製花邊、貼上紙膠帶、貼上即可拍，宛如藝術品般賞心悅目。對我來說，手帳最大的功能是記下待辦事項和行程規劃，而寫手帳的目的是「寫下來的任務要做到」，以及明確規劃「休息、刻意斷電」的時間。

手帳還有另一個很重要的功能，就是不要讓你的生活窮得只剩下工作，累到只剩下倦怠。工作固然重要，但人生不是只有工作，認真、用心的生活，除了讓工作有意義、生活更精采之外，更重要的是，也能避免自己一不小心讓工作侵犯到生活，忘記了「健康第一、家人第二」的原則。

因此，拿到手帳後，我會特別使用綠筆，先把這一年規劃為休息放空的時間標記下來，支付自己，強迫自己「斷電」，而不是一直想著要工作。每日也會用綠筆寫下今天值得期待的事，我稱之「每日一綠」，可能是看一本喜歡的書、逛逛書局、和老朋友聊聊天，把每天值得期待的美好，先安插下來。

重要的不是事情都有完成，而是我「這個人」每天都以幸福感生活著。而手帳中的習慣追蹤表（我又稱之為「生活打卡圖」，後文會做介紹），則是提醒自己每天維持健康、喝水、運動等習慣的提醒。

因此，從基本的年曆、月記事、週記事外，重點是確保空白頁面夠多，讓自己想要寫什麼、就可以寫什麼，只要空白頁面夠多，我們還可以自行設計，類似「子彈筆記手帳」，完全符合客製化的需求。

到後來，我因為已經有時間感，知道一天大約可利用時間、每件事大約需要多久，就不需要拘泥在時間軸格式，因此我使用一般手帳，省下重新選擇手帳的時間。每年，我大約在九、十月拿到下一年的新手帳，然後利用農曆年長假時間，好好檢視過往的一年，開展新的一年。長假這段時間最適合自我沉澱，重新再出發。

手帳的規劃

手帳裡的規劃就是本書第二部談到的內容，可依序填入。除了固定的年、月、週、日記事以外，空白頁會有總覽三年或五年的時間軸計畫表、五十大目標，其中包含年度計畫。接著依序是我的北極星：健康、家人朋友、工作財務、學習夢想、其他目標，並一定會搭配一到十二月份的「生活打卡圖」（圖3-2），將計畫延伸到每週、每日，逐步實踐成行動。

在生活打卡圖中，每一天都有格子可以寫上健康（運動、喝水、心情）、家人（聊天、共讀、陪伴）、工作（寫稿、部落格、閱讀）等，今天有運動，就可以點上一點，甚至填入分鐘數、今天有喝水二千毫升，就可以點上一個點、今天身心安穩，就在心情欄點上一個點……

將北極星化成符合「SMART原則」的目標、繪製我的地圖、沿途放上路標。將每日每日的小目標具象化，而不是轉眼即逝的看不見的時間。

每個月後面有收支清單表。至於針對重要事項，可以開啟新頁，例如：買房規劃、教甄讀書計畫、結婚籌備時程規劃、專業書單研習計畫、名言佳句區、因為貧血

圖3-2　生活打卡圖

	5月	日	一	二	三	四	五	六	日	一	二	三	四	五	六	日	一	二	三	四	五	六	日	一	二	三	四	五	六	日	一	二
		1	2	3	4	5	6	7	8	9	10	11	12	13	14	15	16	17	18	19	20	21	22	23	24	25	26	27	28	29	30	31
健康	運動	●	●		●			●			●	●	●	●	●	●	●	●	●	●	●	●	●	●	●	●	●	●	●	●		●
	喝水	●	●	●		●		●		●			●	●				●	●	●	●			●	●	●	●					
	心情	●	●	●	●	●		●	●	●																						
家人	聊天	●	●	●																												
	共讀		●	●				●			●	●	●	●		●			●			●				●						●
	陪伴												●																			
工作與學習	寫稿												●	●	●	●			●	●												
	Blog																				●											
	閱讀	41		42		43	44								45	46	47	48	49	50				51	52	53			54	55	56	
假日	採買	●						●														●							●			
	打掃	●						●	●													●							●			

要多攝取食物表、低落時重新找回自己的十件事（運動、喝一杯咖啡、看海）等等，可以提醒自己，幫助自己找回動力。早期我還不太會控制欲望，因此會先寫下欲望清單，等到過一陣子之後，冷靜下來再決定購買。後來因為常常練習，已經變成內控，不太會失心瘋的揮霍，建立起自己的「需要或想要」判斷系統，更懂得謹慎購物。

因此，每天早上起床後，我會先喝水，接著檢視一天的重要行事，排定優先順序，將長時間留給比較重要、需要思考的部分。接著，就開始把生活打卡圖、記錄體重等事項完成，接著寫稿、寫書、閱讀，在固定時間把生活打卡圖一一完成。晚上睡前也會看一下進度，並把完成的事項刪掉，一天將盡，內心充滿成就感。至於未完的工作，則看看是否需要調整方向或改變做法，分批完成等。隔天，再接續下去交接。

手帳就是時間管理大師

你可能會問：「怡辰老師，你每天都會完成預定計畫嗎？」

當然不是啊！有時其他挑戰來襲、有時學校工作較忙，各式各樣的干擾一波波、一陣陣迎面而來。如果真的沒有辦法全部完成，那麼就要尋找其他替代方式，例如：

由孩子互相說故事代替媽媽講故事；下雨天沒辦法出門跑步，那就在家跳繩兩百下。有時，我也會因為過於忙碌而停止計畫，但停止了一陣之後，因為之前有記錄，因此會再重新看見上次執行的最後時間，想起自己曾經那麼努力，然後又重新啟動計畫。

過往行事比較複雜，需要常常出外演講時，我還會將行事曆記錄在Google日曆中，並分享給先生，讓他知道何時要接手照顧孩子。近來演講逐漸減少，就算有，也是久久一次，因此不需特別注記，提醒一下身旁的神隊友就好。

對我來說，手帳就是時間管理大師，也是不會說話的祕書。藉由把目標寫下來、完成的動作，精準掌控時間。常常翻閱手帳上一年的目標，也可以協助自己對抗健忘，念念不忘，必有迴響。

要特別提醒的是，手帳只是一個工具，千萬不要被工具綁架，花太多時間在書寫，卻忘記執行和活在當下，最重要的是真實世界中「完成」與「執行」。另外，也不該落入效率控、控制狂，精準到每時每刻都要像機器人一樣準時無誤，而是在每天的彈性方格中，定下自己的核心目標，和這一生想完成的夢想、想成為的自己做連結。踏實的朝著未來，卻時刻活在當下。

高效教師的時間管理檔案⑥

姜青慧

畢業於花蓮教育大學英語系九六級公費生、中正大學臺灣文學研究所。曾獲得教育部「師鐸獎」，是當年全國最年輕的得主。目前任教於嘉義縣水上國小。

手帳的神奇力量

姜青慧老師是我認識超過十年的學妹。從民國九十六年分發到嘉義縣梅山鄉的仁和國小，她在雲霧繚繞的山裡一待就是十三年，我一路看著她從導師、教務組長、學務組長、圖書教師、輔導教師，後來一不小心變成教導主任，也跟著她開始閱讀山裡的偏鄉教學。

青慧老師滿三十歲那年，一路陪伴了六年的導師班學生李伊婷獲得「總統教育獎」，她自己也獲得教育部「師鐸獎」，是當年全國最年輕的得主。

在案牘勞形的行政工作與帶班的雙重擠壓下，我們有時會分享彼此的過勞和心態調整之道。我發現在一般人眼中的龐大壓力，青慧卻始終能正向看待並甘之如飴，強大的心理素質令人佩服！這讓我更好奇，她如何做好時間管理？

面對我的好奇，青慧毫不藏私的分享自己的祕密武器是「手帳」。身為超過二十二年的手帳資深使用者，手帳伴隨著她度過一個個生命中的挑戰與轉折：從偏鄉新手教師到教導主任，過程中還寫完研究論文，籌備婚禮、購置了自己的小屋。青慧說自己從十五歲受國中同學影響，開始使用手帳直到現在。如今，她的人生中不能沒有手帳。

用手帳認識自己

青慧認為手帳和聯絡簿不一樣，因為手帳規劃有週六、週日欄位，可以完整記錄讀書安排和心情點滴。一開始，她和一般手帳新手使用者一樣，以為只要記錄下滿滿的排程，自己就一定會做完。可是實際上能做的卻有限，結果只是把今天未完成的事項不斷複製、寫到隔天而已。

從手帳紀錄中，可以幫助我們反思自己、認識自己。青慧說她就從中意識到自己的自制力不夠，因此需要透過時間軸，把應該做的事情填入某天的某個時刻，才能確實完成。像是籌備結婚，平時都在山上教書的她，週末假期才能下山，所以更需要善用假期做精準的時程規劃。買房、寫論文也都是同樣的道理，運用手帳讓目標具有「可視性」，加強自己的實踐信念。

當然，有時也會忙到連手帳都沒時間記錄而留下空白。但青慧說：「手帳空白也是一種紀錄。」那意味著，你已經很久沒有好好的和自己說話，這正是一種象徵「過勞」的警訊。而另外一種可能，則是因為「活在當下」的空白，出門旅行或刻意放空，反而是種「空白的美好紀錄」。

翻開青慧的手帳本，工作和生活緊密交織：擔任主任工作時，會把上課的進度用鉛筆寫在時間軸中，以防有變動。還有導師工作的紀錄、晨會佈達事項。也會延伸到晚上，籌劃同事聚餐、

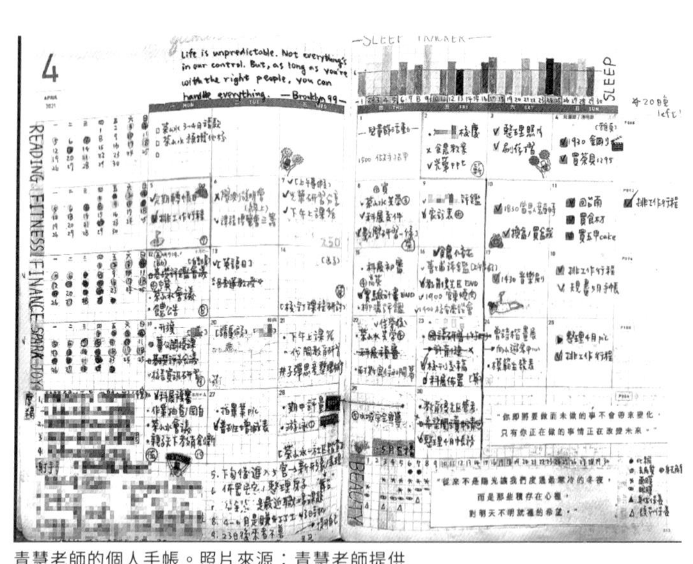

青慧老師的個人手帳。照片來源：青慧老師提供

統整工作、假日研習等。

尤其在兼任行政和帶班那段日子最為忙碌，時常往返於辦公室和教室之間，每天都彷彿在針尖上過日子，空堂時還得拜訪一個個老師以處理行政工作，完全沒有休息空檔。縱使忙得焦頭爛額，但利用手帳進行空堂的預先安排，便能讓自己的心情安定下來，也才愈來愈上手。

手帳除了教學以外，更是行政不可或缺的好幫手。對一般老師來說，行政工作就是發生在八月六日那一天，但事實上，許多行政事務從七月初就要開始籌劃，結束之後，還有核銷成果、省思檢討等工作要處理，因此最後終結的時間其實是九月。

能夠跨越這麼長久的時間，只有手帳紀錄了。Google行事曆等數位工具雖然可以同步修改雲端，但事件和活動名稱並非記錄的重點，如何詮釋和看待才是。這時，我們可以運用手帳記錄下感想和省思，才能不斷詮釋、反應、優化。

數位手帳和紙本手帳的差異

我自己比較習慣紙本手寫手帳，於是問青慧：「有嘗試過數位手帳嗎？」青慧和我的想法一致，「我仍舊喜歡紙本手帳的感覺。」她認為「打字」和

「手寫」給人的刺激不同，有些數位工具雖然有漂亮的模板，但相較於手帳，平板比較重且耗電，來回翻閱也不如手帳來得快。

身為長期以來的手帳受益者，青慧和我都會特地贈送手帳或分享相關書籍給其他同事與學生，也會實際運用在自己的教學上。

像是開學第一天，當發下學期行事曆，會請學生在聯絡簿上做標示，讓孩子先從籌劃一週時間開始練習，逐漸從「今日」的空格延伸到「未來」，從中獲得「看待長時間的眼光」，去思考：

- 那些事件和自己有關？
- 某件事需要提前多久開始籌劃？
- 在哪個時間點需要預先做哪些準備？

以山上的孩子為例，通常在中秋節前後的晚上，有些孩子會幫忙家裡採收青椒，那麼就會指導孩子依照需要，提前在學校完成功課。也會讓孩子在聯絡簿上寫下今日心情，學習對生活充滿覺知。

「我對幸福的定義，就是擁有選擇的自由。我的夢想是能做自己喜歡的事，讓喜歡的事有價值。而手帳就是在過程中不斷和自己對話，找到這一切的工具。」青慧的話宛如一陣迎面拂來的山風，我深深覺得有這樣想法一致、充滿熱情的教育夥伴，真幸福！

青慧老師的推薦閱讀

《時間感手帳的誕生：小律師的斜槓手帳術》

《【圖解】一寫就成真！神奇高效手帳筆記術》

20 記錄，才有累積和專業

專業紀錄

前兩篇談到的讀寫、手帳，其實也是一種紀錄，但偏向紙本、文字、私人閱讀，這篇談的是「磨利鋸子」的專業紀錄。

每個教育工作者都應該捫心自問：「你的年資三十年，是真真切切教了三十年，還是將第一年重複三十次？」如果一位教師只是將第一年經驗重複三十次，那還真是印證了富蘭克林的名句：「有些人二十五歲就死了，但到七十五歲才被埋葬」。對這些人而言，人生中的大部分時光，不過是在不斷重複循環播放，一點意義都沒有，遑論專業能力的養成。

如果想要累積專業，唯一的方法，就是「記錄」。舉凡意義、健康、關係、事

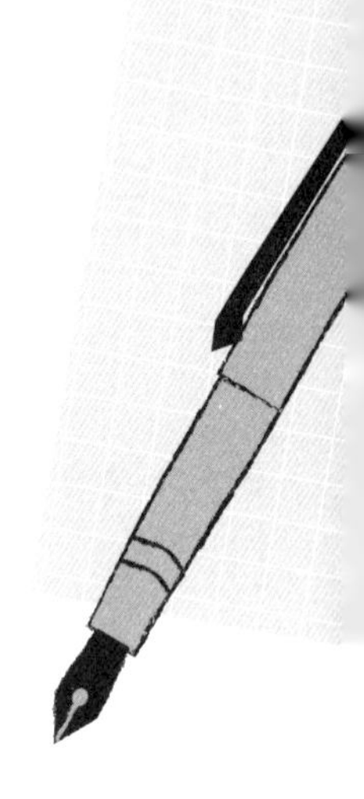

業、金錢、時間等，如果想要管理時間，就要管理自己，管理自己之前，要先知道事實狀況，才能客觀評估、加以衡量、後續追蹤、不斷省思、調整改進，也才能抵抗長時間帶來的遺失。

讓時間看得見

時間花在哪，成就就在哪。而記錄，可以幫助我們追蹤、改進後設認知。在還沒把習慣變成自動化之前，自我檢視：今天一天，我的時間都花在哪兒了？今天有無耕耘重要價值？今天有無好好對話？今天有無提升專業？如果沒有記錄，就是一筆糊塗賬；如果光靠感覺，大腦就開始幫你編理由、找藉口：

「哎啊！我已經很努力了。」

「反正我就是沒有恆毅力，我就爛！」

沒有記錄，不會累積、沒有專業，自己容易被假象蒙蔽，隨便編造理由而放棄。所以，踏實的把一步一腳印記錄下來，就可以在現有基礎之上求進步，更因為已經堅持了這麼久，而沒有放棄的理由。

從空想到記錄，從記錄到行動，因為中間累積的紀錄，減低了行動的困難。看見從以前到現在看不見的蛛絲馬跡、行進的軌跡，更可以掌握那條在時間長河裡不斷連接起來的透明線段。

「現在的你，都是過去累積而來」，而偏偏時間是看不見的，紀錄，就是讓時間可見的方法，讓明天更有目標和動力的祕密。

讓專業看得見

出類拔萃的成功人士，也都是勤於記錄的強者，往往可以輕鬆提取大量知識和訊息，迅速道出與你相識於哪一年、哪一月、哪一日，甚至是當天天氣如何，也能如數家珍，行為背後呈現的，往往是扎實的記錄功夫。

職業講師王永福教練每次在簡報課程之後，總是會檢討自己的優點和可以改進的地方，數十年如一日，從不懈怠。打開他的紀錄本，甚至可以回溯二十年前某場演講的內容和缺失，也因為這樣持續追求完美、自我挑戰的習慣，讓他能始終朝向完美的方向前進。

而在專業上，除了基本的文字紀錄，可以記錄下時間、狀況、情緒、反應等，更可以依照需要精進的部分，用不同的媒體和平台來記錄：想要記錄教學實況，可以錄音、錄影；想要深究自己和孩子談話方式、提問方式，可以錄音、做逐字稿分析；想要大量記錄課堂和他人交流分享，可以用部落格，還能圖文並茂……紀錄在哪、進步就在哪、專業就在哪。

如果仔細觀察在各科教學有所成的教師，會發現他們大多有寫部落格的習慣，如實記錄下自己的教學點滴，為的就是可以在原本的基礎之上，持續超越自己。像是人稱「老ㄙㄨ」的蘇明進老師、社會科的張崴崙老師、語文科的蔡孟耘老師、數學科的洪進益老師、國中英文科的林淑媛老師等等。靜水流深，長期的教學紀錄不僅是一種習慣，更是對於自己教學專業的執著追求。

而在這個網路及個人品牌盛行的時代，透過長期的記錄與分享，不僅可以交流專業知識，藉由記錄更能形成後設認知，固化專業。其他工作者也能藉由開放性的紀錄（網站、部落格、社群媒體等），讓讀者在文章閱讀中產生熟悉與信任感，也因為當品牌的「信任」底定，才能進一步開展之後諮詢與授課的空間，造就專業形象。雖然短期內需要花不少時間累積，但隨著記錄能力的鋸子磨得愈來愈利，終將變得輕鬆自在，成為日常生活的一部分。記錄，更能讓你在時光流逝後，回頭看見專業一路發展的軌跡，以及背後潛藏的人生規律與核心。

以我自己為例，從二〇〇七年書寫部落格至今，在每一年的書寫當中，抓出開學需要注意的工作事項，一年一年寫下，一年一年優化，最後按照學期不同時間點，抓出隱性知識，加以常被問到的問題集，就成為《小學生年度學習行事曆》一書，也藉此在自己工作上提升專業，省下不少時間。從早期一篇紀錄需要寫三個小時，到後來一篇寫三十分鐘就可完成，加上後設認知，不斷的執行、記錄、省思循環，系統性提升，後來回頭一看，正是專業提升的重要關鍵。

讓自省看得見

相較於記錄的內容，事實上，從開始覺察到要記錄的「注意」，就是一種覺知，一定有某些部分觸動了自己，不管是感動的、重要的、想要回顧的。只是知道紀錄重要的人多，但實際行動的人少。在忙碌繁雜的日常中，要付出時間去做看似浪費時間、短期內沒有回饋的事，本來就違反人性。因此，如果你認為用部落格的形式做紀錄太花時間，其實運用臉書發文、照片記錄、手機備忘錄等，也都是初階的方法。

在記錄時，我通常會「以終為始」，也就是看以後的自己可能會需要什麼樣的資訊知識形式，再選擇用什麼樣方式記錄，才不會之後要提取的時候才發現，到處都是資訊，卻遍尋不著自己想要的。

舉例來說，在工作教學上，如果是經常性的教學活動，我會做紀錄，當成下一次教學的參考。如果是重要的、具延續性的班級價值，像是閱讀、運動、自學等，我也會做紀錄，省思長時間的成果和檢視需要調整之處。學習或研習，也會仔細記錄講師分享的細節和照片，並特別針對操作型過程錄影，之後實踐時，才能有跡可循。閱讀工作相關書籍時，也會特別記錄之後想要在教學上實踐的部分及細節，之後回顧才能事半功倍。這些累積起來的照片和影片，除了是自己教學長時間的成績單，可以一眼看出核心，幫助自己後續教學設計，更是學生省思的回顧，培養學生觀看自己長時間學習的後設認知。

而在教學實錄上，更因為有了紀錄，可以清楚知道自己這個學期完成哪些新挑戰？孩子能力獲得了哪些增長？如果下次再進行類似的教學，哪裡還可以更好？剛開始，我記錄的是一節課，漸漸的，我記錄了這一週教學、這個單元統整、這個月歷程、這學期的點滴歷程，或是把一次次紀錄再次比較、檢視，去年和今年、這屆和上一屆學生……就能練習跨越長時間的眼光。

公開的紀錄還可以和其他人交流，雖然不公開也可以，但公開分享最後受益的總是自己，況且網友還會提供更多意見與建議，有時教育前輩還會來指點一番，更像是私人家教班一樣，加速累積專業，且更加省時！

記錄過後更重要

要注意的是，記錄本身就是一項時間和注意力支出，切勿為記錄而記錄，也不需每項都做紀錄。記錄很重要，而比記錄更重要的是後續的省思和調整行動。

記錄的時間就像是投資，剛開始需要付出，但穩賺不賠。當你記錄在哪、意念就在哪、覺知就在哪，就能對抗長時間的遺失。

高效教師的時間管理檔案⑦

蘇明進

臺灣師範大學科學教育研究所博士，任教於臺中市大元國小。曾榮獲GreaTeach全國創意教學獎、Power教師入圍，多次受邀至馬來西亞巡迴講學。現為親子專欄作家、臺中室內合唱團駐團編導。

書寫，帶來生命的禮物

教育圈人盡皆知的「老ㄙㄨ老師」蘇明進，著有《同理心身教》、《交心》、《親師SOS》、《讓孩子潛能大大發光》、《希望教室》等著作。

十多年前，老ㄙㄨ是我書寫部落格的啟蒙老師。記得當時，我在茫茫網海中看見他的部落格時，簡直就像在黑夜中看到一盞明燈般驚喜！我一篇篇的閱讀，從中獲得許多力量與啟發。

後來，我也學他開設部落格，每當面對教職上的各種挑戰與困難時，我就會躲進部落格裡書寫，從此和讀寫結下一生之緣，也開展後來的寫作生涯。也因此，深受老ㄙㄨ影響的我相當好奇，他又是怎麼開啟部落格書寫的契機？

一名小兵的寫作時光

老ㄙㄨ說自己書寫部落格，是源自於民國九十年時，當時他鼓勵一個教師社群的成員將自身的教學記錄下來，提供自己反思與回顧，並從中獲得發現與調整。也因為他看見有些老師在教學現場待久了，漸漸忘卻了初衷與那份快樂，於是，他開始在部落格中書寫一些教學小故事，讓老師們從閱讀中發現：其實教學可以很有趣，只要我們用不一樣的角度，一點點班級經營的技巧，就可以發現孩子擁有無限的可能，老師本身也是如此。

「可是，你是怎麼知道書寫和記錄可以為自己帶來養分？」我還是很想打破沙鍋問到底。老ㄙㄨ這才說道：「是當兵時。」身為一個小兵，日子每天都過得很苦悶，需要一個情緒的出口。於是，他準備了一本小冊子，每天利用零碎時間，把心中想法寫下來，記下討厭的生活、身不由己的苦悶。就這樣，終於度過在澎湖當兵的兩年漫長時光。

回首小冊子上的點點滴滴，他發現我們永遠可以從很無趣、很高壓、很制式的生活中，抓一個重點書寫，為眼前種種困難賦予嶄新意義，並從中療癒自己。藉由記錄來轉化自己，從無奈中看見希望，這就是記錄和書寫可以帶給自己的禮物。

重回寫作的初衷

後來當了老師，老ㄙㄨ也用記錄來省思，用文字看見自己的教學點滴。剛開始記錄時，會需要花比較多時間，隨著時間拉長、刻意練習，就會愈寫愈快。後來轉到臉書書寫，雖然部落格幾千篇文章都隨著平台而遺失，但當時的教學心境已經過去，也就隨緣放下了。

而在網路上書寫，老ㄙㄨ曾經感受到有很長一段時間是為了別人而寫，尤其追蹤的人多了之後，有很多留言會帶來情緒的波動，開始思考書寫對自己的意義。現在則是希望為自己而寫，希望找回自己最初寫作的動力，純粹記錄下來，對別人有幫助。往往在教學中，遇見感動自己的片段就拍攝、記錄下來，可以封印當時的情緒和氛圍，為自己帶來省思和禮物。

遇見不同時刻的自己

而談到「寫」，當然也不能漏掉「讀」。老ㄙㄨ本身喜歡閱讀，在閱讀過程中不斷和自己對話，有些沒有觸動的部分就會捨棄，但真的和自己深層對話的閱讀章節，會和自己深刻交流，產生新的詮釋和體悟。老ㄙㄨ會將它們記錄下來，往後再次閱讀時，會自我對話，和先前的狀況經驗不斷的對照，就像在閱讀時遇見不同時刻的自己。如此用閱讀和自己深刻交流，我想這也是老ㄙㄨ厚積薄發的原因吧！

「當你寫得愈多、分享得愈多，你其實會慢慢趨近你自己設定的形象。你必須透過寫作，抽離情緒和不足，不斷用文字和自己的內在進行對話，給自己心理建設的方法。」是的，持續的書寫與記錄，你會更加成長，更趨近你想成為的人，這正是寫作和記錄帶給我們最珍貴的禮物。

老ㄙㄨ老師的智慧小語

透過寫作，抽離情緒和不足，
不斷用文字和自己的內在進行對話。

21 建立個人資料庫

#資料庫

善用資料庫就像使用槓桿，能輕鬆提起你想提起的夢想重量、生活重擔。

之前在第二部已經談過，培養身邊的人成為神隊友。舉凡網路上神人、工作群組、工作上的前輩與同事、媽媽群組、倒垃圾心情群組、家人、朋友，甚至是學生和小孩，只要對待得當，生活在神隊友圍繞中的你，只需借用神隊友幾分鐘，就能輕鬆解決任何困難。

像是身為三寶媽的我，不會把孩子年紀小當藉口，我讓小二的大寶負責洗米，小一的二寶可以幫忙削皮，小班的小寶可以負責打蛋。只要分工得當，任何人力都可以好好運用。

真人資料庫

而除了人力以外，我的神隊友們就像是一個「真人資料庫」。以煮食為例，除了網路資源以外，我的婆婆、媽媽、小姑，甚至買肉的攤販，都可以提供更可靠的消息來源，減少失敗的機會。

有些訊息在網路上找不到，這時真人資料庫更能大顯神威。像是早期我負責圖書館業務，館內書籍不多，因此我想要找可以參考的贈書來源。當時，同縣市的設備組長群組為我提供最好的訊息來源。也因為他們的幫忙，我接洽了林賴足基金會和誠品基金會，對於贈書的內容、形式、互動方式，都給了細緻且隱藏版的建議。

擔任行政工作時，附近學校擔任相同工作的老師也是重要的資源人物，一樣的公文、做好的檔案參考、研習資料分享等，時間一點一滴就是這樣省下來的，只要善用這些人腦資料庫中的隱形知識，不只省時間，還省下許多心情上的磨損。

電子資料庫

生活在數位時代，善用電子資料庫是不得不具備的基本能力。這時代不缺資訊與資料，但知識爆炸下，紛雜的多種選擇中，重要、正確、有用且清晰的訊息是一種力量。隨手搜尋，資料紛雜混亂，有真有假，還要淘汰選擇，增加許多困難性。

這時，如果學會使用電子資料庫、電子書和電子雜誌，資料一應俱全，還可以綜觀整個架構，多讀幾本書，成為主題閱讀，很容易掌握一門知識的脈絡。

各縣市都有自己的電子書、電子雜誌、電子資料庫，內容不太一樣，我最常使用的是「北市圖電子資料庫」。只要透過網路申請，就可以輕輕鬆鬆使用資料庫，可根據所需要的資料類別，選擇查詢電子書、電子雜誌或是資料庫，幾秒鐘就一鍵搞定，輕鬆查到自己需要的資料，而且相較網路所查資料，在正確性、準確度、統整性上都更高。

我使用資料庫已經超過十年。記得十年前剛懷大寶時，決定自然產、不打無痛分娩的我，想知道如何減輕自然分娩的痛苦，怎麼查詢？

◎怡辰推薦好用的線上資料庫

名　稱	介　紹
臺北市立圖書館 臺北好讀電子書	超過六萬冊暢銷電子書籍電子雜誌，線上申請借書證即可借閱。
國立公共資訊圖書館 電子資料庫	包含：電子書、語言學習資料庫、繪本、電子期刊、電子報紙、電影資料庫、自然科學資料庫等。
臺灣雲端書庫	利用縣市圖書館帳號，就可以登入借閱書籍。

當時網路上資料不多，我便查詢電子雜誌，一下子四、五十張雜誌頁面跳了出來，呼吸法、按摩球、按壓穴道、心理建設等等，內容洋洋灑灑，還搭配圖文順序解說，我馬上全部傳送給先生，比照辦理。

果然，這些知識幫助分娩時的我輕鬆許多，後面兩胎也依這個模式進行，受用無窮。後來我聽到同事要生產，又把這些資料轉寄過去。知識果然是力量，確實可以為我們減輕痛苦、提升效率、節省時間。

這個時代，資訊取得與知識運用呈現爆炸式成長，只要懂得善用資訊與知識，站在巨人的肩膀上看遠看高，美好的無限風光盡收眼底。就看你有沒有想學的意願，只要想學，任何知識學門技巧，網路上都有無窮資料，等著你盡情探索！

個人資料庫

介紹完真人資料庫、電子資料庫，接下來，就是「個人資料庫」了。

在擷取外界資訊之後，更重要的是，整理、保留成自己的資料庫。更因為有些事物會重複發生，如果可以從紀錄中反省，更能幫助自己下次進行得更順利。

我目前是使用Evernote來建立自己的個人資料庫，先設定好「01健康」、「02家人」、「03財務工作夢想」等一個個記事本，將各類資料分門別類。

例如：在網路上看到想去旅遊的地方、想看的電影、想嚐鮮的餐廳，就直接擷取、放入一個暫存的記事本中，等到有時間再整理到相對應的記事本。我會將記事本與先生共用，需要什麼資訊時，只要打開資料夾，就有源源不絕的選項可供選擇。

而時常會用到的各項清單，像是烤肉清單、外宿清單、出國清單、露營清單等，或長期隨時都要使用的資料，例如：家人身分證件照片、保險資料、財務資料等，以資料庫方式整理更方便，搜尋一下就可以輕鬆找到。

至於長期性的寫稿計畫、專欄作品、教學計畫等，我也會放在Evernote裡面。平常閱讀的書籍、看過的文章、蒐集的資料、突如其來的想法，平時做長期累積，最後再生成文章產出。

好文章不是一次寫完，靈感也不是從天而降，而是在不斷的讀寫蒐集中激盪而成，這裡一點思考、那裡一點支出，全部匯聚在一起，最後寫下，不斷修改，才成為一篇自己滿意的文章。

凡寫過的、讀過的，還需要不斷再檢視，再讀一遍、再寫一次，然後執行，才能變成自己的血肉。而近來也有其他各種個人筆記、資料庫程式可供選擇，使用方法不盡相同，但同樣都是希望可以藉由記錄、建立資料庫，掌握資訊解決能力。

蒐集、整理、組織、執行、回顧。利用知識產生實作，產出讓生活變得更好的行動。不斷累積、沉澱、優化，行有餘力，再幫助別人。

「個人資料庫」能夠幫助我們有條有理的整理各項資訊，更加速效率，省下好幾個月、甚至好幾年的時間。個人自己和世界互動的方式，成為個人的資料庫，為己所用。

真人資料庫、電子資料庫、個人資料庫，持續、累積、進化，現下資訊取得容易，更需要系統性的方法和工具，幫助自己迅速提取、整合、激盪，不僅省時，更能創造更多美好的可能。

22 多職的喜樂

#身教

生活中的我們各自擔負著不同的職務。

在家中，我身兼媽媽、妻子、女兒、媳婦、大嫂；婆家家裡有葡萄園，我還兼任葡萄園小編。職場上，我是教師、下屬，同時也是研習講師、專欄撰寫者、書籍作者、部落格格主等。在我心中，還有許多個人成長、自我夢想等待實現。更重要的是，我還要當我自己。

可是，一天的時間就這麼多，怎麼在多職的身分中，依舊保持喜樂？

擺脫限制性思維

回想高中時，有段時間為了幫忙家中經濟，放學後，我一回家就會買晚餐、幫忙看顧服飾店。顧店時的我，總是穿著顯眼的綠色制服，一邊背著單字，一邊招呼客人上門：「小姐看看喔！有喜歡可以試穿。」

顧客往往會竊竊私語：「你看，那個中女中的也要賣衣服欸……」

而我總會好奇：「咦？中女中的學生就不能當店員、賣衣服嗎？」

其實，從小當媽媽顧店時，我就會窩在小小的更衣室裡寫功課。每當有客人要試穿，我就得讓出位子來，寫到一半的功課經常因此而中斷了好幾次。但，只要你不覺得是限制，那就絕不會是限制。

大學時，一週有十幾個小時家教要趕，然而擔任社團社長、學空手道、學業獎學金，我一樣也沒漏掉。

後來家裡改賣水果，我也是一邊拿著教甄考題、法條，一條一條的背著，一邊等客人上門，最後應屆考上正式教師。

如今，成為三個孩子的媽媽，幫忙婆家葡萄出貨，在葡萄園裡的我曾經一邊育兒，一邊構思千人演講的講綱內容，也因為參與，有了更多認真生活的體驗……

我也時常在扮演各種角色上左右為難、無法兼顧，有時覺得心累，有時苛責自己，總是一直努力去適應、一直盡力在調整。但往往在休息之後，卻發現有風、有雨才是旅程。

在忙亂、狼狽的日常生活裡，如果我們眼中只看見當下的困境，身體、心裡只覺得疲累，當然不免會抱怨、自責。我甚至常常聽見朋友們喊著「早知道不要結婚」、「早知道不要生小孩」、「早知道……」，他們開始想著，如果我沒有結婚生子，現在可以在哪個地方逍遙快樂，整夜唱歌，買鞋包色……

已經選擇的路既是事實，那麼我們看待它的方式，才是決定它的關鍵。

事實上，人生每一條路都有苦有樂，當這條路遇到泥濘時，遙想那條沒有走的路風光明媚，對自己一點幫助都沒有，更何況那條看似風光明媚的路，也有看不見的坎坷顛簸。

人生苦樂相隨，拉長時間回顧來看，這條路的喜樂和滿足，只是我們很容易視而不見。天天都是大餐享受，久了也全無滋味，反而是旅程前的辛苦汗水，才能襯出旅途的閒適悠然。那些過程中的苦樂、驚喜、起伏，經過時間的釀造，往往才是回憶裡豐厚溫醇的滋味。

「如果十年後來看這一段人生呢？」當我回首育兒的那段辛苦日子，當你累癱的時候讓你更累，崩潰的時候讓你更崩潰，無時無刻挑戰你的底線，永遠牽動著你的神經，讓你擔憂、害怕、憂鬱、無助……

但走過一小段的我再次發現，有風、有雨才是旅程，那些風雨過後，成長了心裡的韌性和力量。風雨激發了潛力，快狠準、忙亂、睡眠不足、情緒底線、做事效率，養個孩子，是人生最好的訓練。天底下，可沒人會這樣殘忍的給自己這些訓練。也因為如此，我才懂得為人父母的心、生命的奇蹟、和其他爸媽的共鳴、蛻變成父母的肩膀，和擁有一個小生命，那些歡笑、哭泣時刻的狂喜：那些可愛的小手小腳、哭泣的可愛皺皺臉龐、一晚狂吐八次的煎熬、童言童語的萌樣、狂哭躺在地上的啞然失笑、大便完看便便卡在馬桶……

多職的生活常常是狼狽不堪、錯誤百出，隨時都可能歷經挫折與失敗。不管是全職媽媽還是職場媽媽，都很難順心順意，一路滿意。但抓大放小，掌握核心，只要自己真心想要的，都可以辦得到。不要限制自己，享受其中，你會發現，辛苦中更見喜樂與珍貴。

而思維是時間管理最強大的工具，生活是自己的。只要不因為心理限制，桎梏了自己，只要心夠強大，在哪裡都能突破時間和空間的限制，甚至穿越時空，讓心安適自在。

解開「完美好媽媽魔咒」

另外，要克服完美主義的框架，以及許多無意間照單全收的刻板觀點。像是剛開始，我對育兒生活就充滿許多不實的幻想，這些想像可能是從生活、廣告、他人言談與對話裡受到暗示而來，例如：家裡窗明几淨、幼兒好整以暇的安靜微笑、事事井然有序。然而，事實卻是媽媽睡眠嚴重不足，導致情緒亂七八糟，總在家事與工作間兩頭燒。

怎麼辦？那就乾脆好好的享受在其中吧。

書櫃很亂。亂就亂吧！書櫃很亂，是因為孩子有閱讀。有達到目標才是重點，清楚的看見自己要的是什麼、重點是什麼、底線是什麼，不要太貪心，全部想要都一百分。

舉個例子來說。我家小寶平時都定期看牙，但後來去大醫院照X光才發現，好多顆牙都蛀掉了，得要進行根管治療。當時，我第一個反應就是「自責」，心裡想著：「啊！如果我可以多注意一點他的牙齒，就不會發生這樣的事了。」

強烈的自責籠罩著我，心理實在很難受。可是，轉念一想：我們已經做到每天都有刷牙了，如果不是照X光，從縫隙下的蛀牙真的連牙醫都檢查不出來。雖然孩子這麼小就要去治療牙齒有很多隱憂，也許還要全身麻醉，但遇到了問題就好好面對，不需要過度自責。沒有人想要這樣的結果，只要積極面對，事情會往更好的方向走。

很多事情並沒有絕對的關係，不需要拿不必要的自責，當成攻擊自己的武器。事情發生了，就接受它、面對它、處理它、放下它，這絕對是永遠不變的SOP。

許多人當了媽媽以後，常常有「如果我沒有……，就不是個好媽媽」的「好媽媽魔咒」。可是，我除了是媽媽以外，我還是我自己。有沒有方法是可以兼顧「當媽媽」和「當自己」？

這條路我也還在學，只是我發現，當我「做自己」之後，因為學習和充電、休息而神采奕奕，再回來當媽媽時，會變得更出色、更開心、更有創意。

「教育無他，唯愛與榜樣而已」，如果我一味犧牲自己，總想著：「等孩子長大之後，我才可以……」、「我等之後再來……」，壓抑自己追求夢想的渴望，成為一個委屈、不快樂的媽媽，是不是也會讓孩子錯誤的以為「愛是委屈」、「媽媽本來就是要犧牲」、「愛裡原本就沒有自己」？

而父母口中的那些「我都是為了你」、「我為了你犧牲了這麼多」之類的話語背後，都藏有好多不甘心和後悔。這樣，好嗎？

先好好照顧自己

在人生道路上，我很感謝曾經走過的旅程，讓我懂得珍惜現下得之不易的時間。例如在教師工作上，我很感謝教育工作給我的滋養，深刻明白：「好好照顧自己，才能照顧別人」。我曾在《小學生年度學習行事曆》中提及：「既然教育是一段長程賽跑，那麼當老師的身心安穩、情緒平和，能夠開心面對教學、孩子的學習和各項任務時，才能有餘裕因應孩子的突發狀況，長期同理孩子、覺察自己和孩子的情緒。」

而在教養上，最重要的就是面對孩子的照顧者。照顧者的一舉一動，都可能形成孩子的應對姿態、思考模組，因此，照顧者要先好好照顧自己。當父母更是如此。

我們可以為了扮演好自身角色而奉獻，可最終還是要留時間給那個不是媽媽、不是太太、不是媳婦、不是……的自己，當我當夠了自己，給自己時間追求我想成為的人，才能身心平衡的把空間與時間留給別人。

先照顧自己，才能好好照顧別人。如果相處時間不多，我們可以提高與家人相處的品質，這比起怨懟的綁在一起，不是更好？

最重要的教養是身教

年輕時，總是在教學上當「拚命三郎」的我，曾被前輩說：「看你有了小孩之後，還可不可以這樣拚命？」當時還沒有家庭與孩子的我，也曾擔心自己無法兼顧。可是結婚後，隨著三個孩子漸漸進到國小，我開始發現，其實當媽媽之後，反而在教學上，可以更努力的把時間花在讓教學品質更精緻上。

探究其中原因，當然是經過這些年的歷練下，我也漸漸成長，在教學和工作上都已經熟能生巧。利用之前說的專業提升、培養神隊友等，讓我即使懷孕又身兼畢業班導師、教務組長，依然可以天天準時下班，用心陪伴孩子。

當然，生活中總會出現各種層出不窮的新挑戰。以烹飪技術來說，婚前的我根本是一竅不通，頂多煎煎蛋、煮煮飯，煎魚從來沒有看過完整魚皮，刀功差到小黃瓜切絲和切片沒差多少。可是結婚後，因為我對烹飪有興趣，也為了家人的健康，所以我主動開始刻意練習。於是，我從過去煮好一頓飯四菜一湯需要花兩個小時，到現在只要一個小時就可以搞定一桌菜，還可以因應當天體力、蔬果藏量、天氣變化，做各種菜色上的創意呈現。

如果今天累了，我就用電鍋燉個雞湯，接著進行下一道食材準備，同時利用多種廚具進行煮飯、炒菜。等到飯好了、湯品香了，其他菜色也好了，無縫接軌，為自己省下不少時間。

如何讓烹飪有效率？我通常會在前一天先開好菜單，要煮的魚和肉都先退冰。當天準備好豇豆、筍子等食材。一早五點就起床書寫稿件，七點開始準備早餐、打果汁，七點孩子漸漸起床，照料他們吃完早餐之後上學。

放學後，請孩子和我一起準備豆子，然後先燙好冰鎮。請他們看我如何處理魚和竹筍、清洗蔬菜，然後讓他們照樣做一次，我最後再清洗一次。準備好，請孩子開始寫作業，把筍湯放下去熬煮。趁著陪孩子運動的中場休息時，把蛤蜊放進筍湯中調

圖 3-3　烹飪新手和熟練者使用時間比較

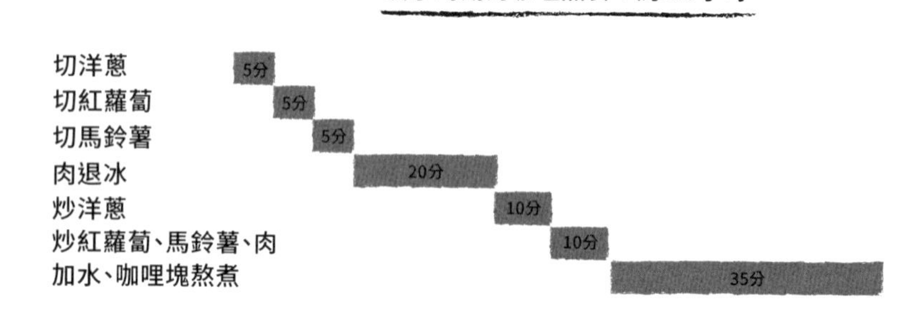

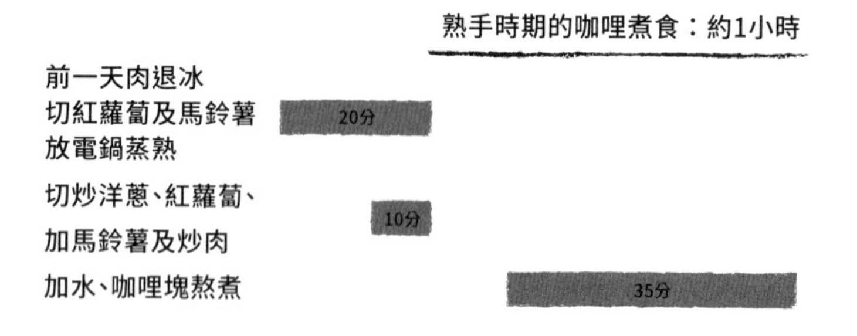

味、魚放電鍋蒸煮，一家人就可以開飯了。

而最重要的教養，是孩子從小看著我閱讀、跟著我做家事、每天跟著我的步伐前進，閱讀著我的價值觀。等到孩子漸漸長大之後，閱讀習慣、運動習慣、動手做習慣自然養成，到現在一回到家，就主動洗手、洗餐具，也會主動收衣、煮飯等，然後自己完成功課。

對我而言，不同人生階段的時間管理雖然會隨著所扮演角色而有所變動，但隨著不同的情況配合核心原則，自會找到方法。在教養上，良好的互動品質是關鍵，帶著孩子一起讀寫、一起時間管理、一起記錄與累積、一起使用資料庫，過程中的思維、以身作則的身教，長時間的成長性思維和恆毅力，永遠是教養最強大的工具。

結語

時間帶來的魔法

沒有人知道自己的人生旅途有多長，但正是因為有結束的一天，現下這一切都顯得無比珍貴。以終為始，我們無法決定終點，無法決定起點，可是過程裡的時時刻刻，口說什麼話語、心想什麼意念、做出什麼行動，卻是我們可以掌握的。

在人生道路中，如今的我是「四十多年的自己」、「二十年的老師」、「十年的媽媽」、「十年的太太」……如果沒有累積、成長優化，只是用每一年的模式過著新的一年，那麼時間的長短和管理，顯得毫無意義。

一旦有了累積、有了成長優化，仔細打開覺知時間的天線，你會開始培養起一小時的量感、一天的充實、一週的前進、一個月的讚許、一年的積累。然後，隨著一年、五年、十年過去，就能漸漸堆疊出你的時間宇宙。

也因爲有累積、有後設，當你看待時間、看待當下、看待自己，便會漸漸有所不同。一分鐘可以這樣用，就會產生這樣的結果，也可以那樣選擇，導向完全不同的結局。於是，站在每一個時間的分岔路口，我們可以更篤定的選擇與行動。

你可以在時間軸裡任意悠遊，前進到你想去的過去，細細回味，然後回到當下、把握當下，重新布置不一樣的人生走向和反應，選擇你要的未來向度。

用心度量你的時間

我曾在《小學生學習年度行事曆》自序中寫道：「教育這麼緩慢、這麼長遠，到底，現下的選擇該怎麼做？如果可以穿越時空，看到細小的差距會帶來什麼巨大影響，再穿越回來，在過程中堅持初心，帶來想要的價值。在過程中，我們成為更好的人，更讓孩子活出他自己的意義，雙雙無悔一生，那該多好？」

時間，是上天公平給每個人的資產，每分每秒，我們在無法控制的、容易流逝的珍貴時間資源面前，很容易因摸不著時間、看不見時間流逝的軌跡而無所知覺。

可是，任何價值都需要長時間的累積及鍛造，舉凡教育、栽培自己、活出自己想要的人生、追求這一生待完成的任務、活出意義等，都是如此。千頭萬緒，究竟該如何開始呢？

首先，修煉自己的心，面對內心的焦慮、拖延、分心、害怕失去、自責、恐懼、自卑、自大等心理情緒，不斷藉著關照情緒來了解自己，和自己好好對話，讓心靈在磨練中變得強大。漸漸的，就可以用心去量度時間的流逝，讓時間變得可見。

接著，找到你人生的北極星。時間管理，並非要把事情做得又多又好，如果出發的方向不對，不如不出發。活出自己的天賦，找到自己的天命，挖掘自己有熱情、想深耕的園地，然後，用一生的時間去澆灌。

旅途中，善用各式工具，像是讀寫、手帳、日記、部落格、資料庫等，讓心在不斷和過去的自己對話後，寫成一本自己的「人生之書」。敏銳的對時間有量感、有知覺，看見持續長時間帶來的價值，你將看破時間的魔法，穿越時光，接收時間複利帶來的力量。

雖然，我們不能增加時間的量，無法將一天變成四十八小時，但我們可以提升時間的質，讓每一分、每一秒的時間變得更有價值。當不同分秒開始轉換在心理的感受，在心流中，走慢了時間，提升了時間的維度，打破了時間的限制，增加了心理時間，不管最後是否達成目標，過程中的每一步，都走得踏實、珍貴。過程，就已經是價值！

鍛造生命的厚度與深度

有句話說：「後悔的藥最難吃。」在《臨終前會後悔的二十五件事》書中提到，臨終病人最感到後悔的，不是那些已經做過的事，往往最感遺憾的，是那些未能踏出第一步開始的事，像是：沒有做自己想做的事情、沒有實現夢想、被情緒左右一生、大部分時間都用來工作、沒能去想去的地方旅行、沒有注意身體健康、沒有表明的真實意願、沒有留下自己活過的證據、沒有看透生死、沒有對深愛的人說謝謝、沒有認清活著的意義……

當這些「沒有」變成了遺憾、變成了可惜，最後只能隨著生命的離去而消散在空氣中，當這趟難得的人生旅程，留下的卻只有滿滿的後悔，這樣好嗎？

重要的價值通常無法捕捉、難以衡量。我們無法決定生命的長度，但我們可以打造生命的厚度和深度。

你的內心有多強大？能夠幫助多少人？怎麼在短短一生之中，造就你自己，活出你的想望？用自己的生命，把信念走成價值、把生命走成意義。

過程中，當然會遭遇重重困難，可在困難中、艱難裡的選擇，往往造就我們是什麼樣的人。

只要你相信，就能看見。

這本書也到了尾聲，我要真心恭喜你，不管我們今天在哪、起點如何，闔上書，我們永遠有自由選擇應對外界的方式。不管你在哪個時區，當下就是最好的時刻，你永遠可以改變你的想法、觀點、行為、習慣、性格，以及人生。

這一生，你為何而來？你想活出怎樣的人生？你想留下些什麼？

此刻的你，還來得及去追尋你的一生，讓這一生，更能活出你要的價值。祝福你！

延伸閱讀

心態類

《與成功有約》
《與時間有約》
《原子習慣》
《強大的自我對話習慣》
《心態致勝》
《心理韌性》
《尋找復原力》
《終結拖延，擺脫焦慮，無論誰都給你高評價的時間控》
《行動的力量》
《恆毅力：人生成功的究極能力》
《成長性思維學習指南》

手帳筆記類

《記事本圓夢計畫》
《圖解！一寫就成真！神奇高效手帳筆記術！》
《時間感手帳的誕生：小律師的斜槓手帳術》
《防彈筆記法》

時間管理類

《我修的死亡學分》
《工作與生活的技術》
《要忙就要忙得有意義》
《這一天過得很充實》
《一流的人如何保持顛峰》
《搞定！工作大師教你，事情再多照樣做好的搞定5步驟》
《最有生產力的一年》
《時間管理的30道難題》

親子教養類

《就是因為沒時間，才什麼都能辦到》
《就算內心愧疚千百回，我依然是個母親》
《你的管教，能讓孩子成為更好的大人》
《生活裡的素養課》

怡辰老師的高效時間管理課：心態x概念x工具，打造恆毅力的人生複利心法/林怡辰作. -- 第一版. --
臺北市：親子天下股份有限公司, 2022.09
256面；14.8×21公分. (學習與教育；237)

ISBN 978-626-305-313-7(平裝)

1.CST: 時間管理 2.CST: 成功法

494.01 111013613

學習與教育237

怡辰老師的高效時間管理課

心態×概念×工具，打造恆毅力的人生複利心法

作　　者／林怡辰
責任編輯／黃麗瑾
編輯協力／陳瑩慈、李佩芬
校　　對／魏秋綢
封面、版型、內頁插畫／FE設計 葉馥儀
行銷企劃／石筱珮

天下雜誌群創辦人／殷允芃
董事長兼執行長／何琦瑜
媒體暨產品事業群
總經理／游玉雪
副總經理／林彥傑
總監／李佩芬
行銷總監／林育菁
版權主任／何晨瑋、黃微真

出版者／親子天下股份有限公司
地址／台北市104建國北路一段96號4樓
電話／（02）2509-2800　傳真／（02）2509-2462
網址／ www.parenting.com.tw
讀者服務專線／（02）2662-0332　週一～週五：09:00~17:30
讀者服務傳真／（02）2662-6048　客服信箱／ parenting@cw.com.tw
法律顧問／台英國際商務法律事務所・羅明通律師
內頁排版／立全電腦印前排版有限公司
製版印刷／中原造像股份有限公司
總經銷／大和圖書有限公司　電話：（02）8990-2588

出版日期／2022年9月第一版第一次印行
　　　　　2024年4月第一版第五次印行
定　價／380元
書　號／BKEE0237P
ISBN ／978-626-305-313-7（平裝）